MICHAEL LAITMAN

LEITFADEN FÜR EINE NEUE WELT

WARUM GEGENSEITIGE FÜRSORGE DER SCHLÜSSEL ZUR LÖSUNG DER GLOBALEN KRISE IST

MICHAEL LAITMAN

LEITFADEN FÜR EINE NEUE WELT

WARUM GEGENSEITIGE FÜRSORGE DER SCHLÜSSEL ZUR LÖSUNG DER GLOBALEN KRISE IST

Original erschienen unter:
A Guide to the New World
Why mutual guarantee is the key to our recovery from the global crisis.

Published by ARI Publishers
www.ariresearch.org hq@ariresearch.org
1057 Steeles Avenue West, Suite 532, Toronto, ON, M2R 3X1, Canada
2009 85th Street 51, Brooklyn, New York, 11214, USA

1. Auflage 2014

Cover Design: Morian & Bayer-Eynck
Innensatz: Sabine Schiche, ad department
Lektorat: Angela Contzen, Christiane Reinstrom
Editor: Eduard Yusupov
Druck: CPI – Clausen & Bosse, Leck

info@j-kamphausen.de | www.weltinnenraum.de

Übersetzung aus dem Englischen:
Dr. Elisabeth Prelog-Igler

Bibliografische Information der Deutschen Nationalbibliothek
Die Deutsche Nationalbibliothek verzeichnet diese Publikation
in der Deutschen Nationalbibliografie; detaillierte bibliografische
Daten sind im Internet über http://dnb.d-nb.de abrufbar.

Print ISBN 978-3-89901-837-0
E-Book ISBN 978-3-89901-882-0

Weitere Informationen hierzu finden Sie unter
www.weltinnenraum.de

Inhaltsverzeichnis

VORWORT

Die sozialen Unruhen im Jahr 2011 verbreiteten sich wie ein Lauffeuer in der Welt, und man rief nach Gleichberechtigung, sozialer Gerechtigkeit, gerechter Verteilung des Einkommens und in manchen Fällen auch nach Demokratie.

Warum besitzt ein Prozent der Weltbevölkerung 40 Prozent des Reichtums? Warum bringen die Bildungssysteme auf der ganzen Welt unglückliche und ungebildete Kinder hervor? Warum gibt es noch immer so viel Hunger? Warum steigen die Lebenshaltungskosten beständig, obwohl es genug Lebensmittel gäbe, um alle zu versorgen? Ja, es besteht sogar ein Überfluss. Warum gibt es noch immer Länder, in welchen der Mensch und soziale Gerechtigkeit nichts wert sind? Und die wichtigste Frage, die sich stellt: Wann und wie werden sich diese Dinge ändern?

Seit 2011 rühren diese Fragen an die Herzen von Millionen Menschen auf der ganzen Welt und brachten viele davon dazu, deswegen auf die Straße zu gehen. Der Ruf nach sozialer Gerechtigkeit vereinte alle Menschen – unabhängig von Herkunft, Religion, Geschlecht oder Hautfarbe, denn wir alle sehnen uns nach einer Gesellschaft, in der wir uns sicher fühlen, in der wir unseren Nachbarn und unseren Freunden trauen können und die unseren Kindern eine gute Zukunft garantiert. In so einer Gesellschaft wird jeder für jeden sorgen. Die gegenseitige Fürsorge – jeder ist sozusagen Garant für das Wohl des anderen – wird Fuß fassen.

Doch wie können wir gegenseitige Fürsorge erreichen? Wie können Bürger darauf vertrauen und sicher sein, dass es jemanden gibt, der sich um sie kümmert, wenn sie fallen?

Die Suche nach den Antworten auf diese komplexen Fragen führte uns zur Entscheidung, dieses Buch zu schreiben. Trotz schwieriger Herausforderungen glauben wir, dass eine Veränderung möglich ist und dass wir einen Weg finden werden, diese herbeizuführen. Aus diesem Grund ist das Buch, das Sie jetzt gerade in Händen halten, ein positives und sehr optimistisches.

Wir haben jetzt die Möglichkeit, eine globale Veränderung auf friedliche und angenehme Weise zu erreichen, und dieses Buch wird uns dabei helfen, den Weg in Richtung auf das Ziel zu ebnen.

Die Struktur des Buches

Das Buch teilt sich in zwei Teile und Verzeichnisse auf.

TEIL 1:
DAS KONZEPT DER WECHSELSEITIGEN FÜRSORGE

TEIL 2:
„GRÜNDUNG EINER NEUEN GESELLSCHAFT" – REKAPITULATION UND NEUE PERSPEKTIVEN ZU DEN VORGESTELLTEN PRINZIPIEN

Die Verzeichnisse beinhalten Hinweise zu Publikationen zum Thema Gesellschaft, Wirtschaft und Bildung.

Teil 1
Revolution des Herzens

Kapitel 1: Eine neue Welt

„Wir sitzen alle in einem Boot, befinden uns in einer globalen Gemeinschaft. Unser Glück und unser Unglück steigen und fallen gemeinsam … Wir haben eine kollektive Verantwortung – eine stabilere und glücklichere Welt hervorzubringen; eine Welt, in welcher jeder Mensch in jedem Land sein volles Potenzial verwirklichen kann.“[1]

Christine Lagarde, Direktorin des Internationalen Währungsfonds (IWF)

Die globalen Unruhen im Jahr 2011 haben die Welt unwiederbringlich verändert. Millionen von Menschen gingen auf die Straße – in zahlreichen Ländern, auf allen Kontinenten, vom *Arabischen Frühling* bis zu *Occupy Wall Street*. Der Ruf nach sozialer Gerechtigkeit und Gleichheit fand eine hohe Resonanz (natürlich unterschiedlich in den verschiedenen Ländern und Kulturen). Die Menschen begannen, nach Lösungen für ihre Probleme zu suchen; sie wollten Veränderung. Oft konnten diese Menschen ihre Anliegen nicht adäquat in Worte fassen, aber das Gefühl, unwürdig behandelt zu werden, veranlasste sie dazu, auf die Straße zu gehen und zu protestieren, manchmal sogar unter Lebensgefahr.

Warum gab es diese Proteste? Warum zu dieser Zeit? Warum traten sie so synchron auf, als würden sie sich gegenseitig entzünden? Um zu verstehen, wie die Dinge im globalen Zeitalter funktionieren, müssen wir den Zustand der Menschheit aus einem weiteren Blickwinkel betrachten und nicht jeden Aspekt einzeln untersuchen.

„Geschichtsschreiber werden zurückblicken und sagen, dass dies keine normale Zeit, sondern ein einschneidender Moment war: Eine unvorhersehbare Periode des globalen Wandels, eine Zeit, da ein Kapitel endet und ein anderes aufgeschlagen wird – für Völker; für Kontinente; für die ganze Welt.“[2]

Gordon Brown, Historiker, ehemaliger Premierminister von England (2008)

Seit dem Ausbruch der globalen Krise im Jahr 2008 wird immer klarer, dass wir an einem historischen Wendepunkt stehen. Die Scheidungsraten steigen ständig, und viele Menschen haben überhaupt keinen Wunsch mehr, sich zu binden oder eine Familie zu gründen.[3] Der Drogenkonsum erreicht ungeahnte Ausmaße, und Gewalt und Verbrechen nehmen trotz der Tatsache zu, dass sich die Anzahl der Häftlinge in den USA in den letzten 15 Jahren mehr als verdoppelt hat.[4] Das Bildungssystem kollabiert,[5] indem Institutionen entweder schlechte Bildung oder aber Unterrichte anbieten, die für die meisten Menschen nicht erschwinglich sind.[6] Die Menschen fühlen sich heute so unsicher, dass es in Amerika bereits mehr Schusswaffen als Bürger gibt,[7] und der Trend ist steigend.[8] Angesichts dieser Tatsache ist es keine Überraschung, dass „nahezu 40 Prozent der Menschen an psychischen Störungen leiden.“[9]

Bis zum heutigen Tag haben wir Menschen uns von Generation zu Generation in dem Glauben weiterentwickelt, dass unsere Kinder ein besseres Leben haben würden als wir selbst. Das gab uns Kraft und Hoffnung. Doch heute scheint die Zukunft nicht so glänzend.[10] Es sieht aus, als habe sich die Menschheit hoffnungslos verirrt.

Die wirtschaftliche Situation zeigt deutlich unsere Verwirrung in Bezug auf die Zukunft. Seit 2008 steckt die Welt in einer Wirtschaftskrise. Und noch schlimmer sind die Aussichten, hier eine Lösung zu finden. Nouriel Roubini, ein führender Ökonom, der die globale Krise vorhersagte, warnte davor, dass wir einer neuen großen Depression gegenüberstünden. „Die Dinge verschlechtern sich, und der große Unterschied zwischen heute und vor einigen Jahren besteht darin, dass uns heute langsam die Strategien ausgehen."[11]

Der Investor George Soros behauptet ebenfalls, dass wir am Abgrund eines wirtschaftlichen Zusammenbruchs stünden.[12] Und Sir Mervyn King, derzeitiger Gouverneur der Bank von England, zieht die Schlussfolgerung, dass dies die ernsthafteste Finanzkrise seit 1930 sei, wenn nicht gar eine noch schlimmere."[13]

Der kontinuierliche Verfall der globalen Wirtschaft ist deswegen so irritierend, weil er nicht nur unser Geld betrifft. Die Wirtschaft ist kein neutrales Netzwerk aus Industrie, Handel und Bankwesen. Sie reflektiert zusätzlich unsere Ambitionen, Wünsche und Beziehungen und auch die Richtung, in die wir gehen. Daher stellt eine Wirtschaftskrise ein ernsthaftes Problem für die Gesellschaft dar - vor allem für die menschlichen Beziehungen.

Was ist eine Krise?

Webster's Dictionary definiert eine Krise als „Umkehrpunkt zum Besseren oder Schlechteren." Auch als „Entscheidungsmoment", „eine instabile oder wichtige Zeit oder Zustände, welchen eine große Veränderung bevorsteht" oder „eine Situation, welche in eine kritische Phase geraten ist."

Auf Griechisch bedeutet Krise „Entscheidung" (von „krinein" - „entscheiden").

Die Vernetzung zwischen den Menschen auf der ganzen Welt wurde in den letzten Jahrzehnten zunehmend enger. Die

Globalisierung brachte eine Fülle von Gütern, Dienstleistungen, Informationen und Reisenden hervor und machte die Welt tatsächlich zu einem globalen Dorf. Ian Golding, Direktor der Oxford Martin School an der Universität von Oxford und ehemaliger Vizepräsident der Weltbank, sagte in einem Vortrag: „Die Globalisierung wird immer komplexer, und dieser Wechsel vollzieht sich immer schneller. Die Zukunft wird zunehmend unvorhersehbar. Was an einem Ort auf der Welt geschieht, wirkt sich unmittelbar und rasend schnell auf andere Orte aus. Dies gleicht einem Systemrisiko."[14]

Durch die Globalisierung erkennen wir, dass wir alle verbunden und voneinander abhängig sind – gleichsam wie Zahnräder in einer Maschine. Ein Ereignis an einem Ort auf dem Planeten hat unmittelbare Auswirkungen auf einen anderen, wie ein Dominoeffekt, welcher seine Kreise über die ganze Welt zieht.

Die Handelsbeziehungen in der Automobilindustrie zwischen den USA und Japan sind beispielhaft dafür, wie wechselweise abhängig wir wirklich voneinander sind. Das zerstörerische Erdbeben und der Tsunami, welche Japan am 11. März 2011 trafen, wirkten verheerend auf die Produktionskette und den Import von Autos und Autoteilen aus Japan in die USA. Während die Herstellungslinie der japanischen Autohersteller in den USA negativ davon beeinflusst wurden, profitierten andere Autohersteller davon und holten sich Marktanteile. Sie waren die Profiteure der Katastrophe in Japan.

Der Finanzmarkt ist wahrscheinlich das beste Beispiel für eine internationale Interdependenz. Anleihen, die von anderen Regierungen gekauft werden, fesseln die Ökonomien und auch die einzelnen Staaten durch ein unzerreißbares Netz. Die chinesische Regierung beispielsweise muss amerikanische Anleihen kaufen, damit Amerika im Gegenzug in der Lage ist, chinesische Güter zu kaufen, um so das rapide Wachstum Chinas aufrechtzuerhalten und Arbeitslosigkeit zu vermeiden.

Fareed Zakaria, *Herausgeber von Newsweek International*, sagte in seinem Artikel *Get Out the Wallets: The world needs Americans to spend* dazu: „Wenn mir der Wirtschaftsgott einen Wunsch gewährte ..., würde ich fragen, wann der amerikanische Konsument endlich wieder anfangen wird, sein Geld auszugeben."[15] Tatsächlich ist die Welt heute ein globales Dorf, in dem jeder Einwohner in puncto Lebensunterhalt vollkommen von allen anderen Einwohnern abhängt.

Ein etwas neueres Beispiel der globalen Abhängigkeit betrifft die Schuldenobergrenze in Amerika, die im Juli 2011 angehoben werden musste. Durch die anhaltenden politischen Streitereien zwischen Republikanern und Demokraten wurde beinahe die Deadline für den entsprechenden Beschluss verpasst. Die Welt fürchtete einen Kaufstopp Amerikas, da es bereits die Schuldenobergrenze überschritten hatte. In der Folge verfielen die Aktienmärkte rund um die Welt. Obwohl keiner wirklich erwartet, dass Amerika seine gewaltigen Schulden je zurückzahlen wird, welche nun etwa 100 Prozent des Bruttoinlandsprodukts[16] betragen und somit die Marke von 16 Billionen Dollar überschritten haben[17], wartete jeder unruhig darauf, dass Amerika seinen politischen Disput beilegen werde und die Welt sich weiter drehen könne. Wäre Amerika mit seinen Schulden in Verzug, wären innerhalb weniger Tage weltweit Millionen Menschen arbeitslos.

Professor Tim Jackson, Kommissionsmitglied der Abteilung für nachhaltige Entwicklung in der englischen Regierung, sagte über Globalisierung: „Wir Menschen wurden von Marketingexperten davon überzeugt, Geld, das wir nicht haben, für Dinge auszugeben, die wir nicht brauchen, um Eindrücke, die nicht von Dauer sind, bei Menschen zu hinterlassen, die uns nichts bedeuten."[18]

Die Krise der Eurozone, in der Deutschland und Frankreich für die Rettungsprogramme der PIIGS-Länder (Portugal, Irland, Italien, Griechenland, Spanien) bürgen müssen, ist ein anderes Beispiel für wechselseitige wirtschaftliche Abhängigkeit. Obwohl es unfair erscheint, dass deutsche Bürger für Griechenlands Verschwendungssucht der Vergangenheit haften müssen, muss man doch eingestehen, dass in Wahrheit viele Griechen ihr Geld in deutsche Produkte investiert hatten, was wiederum die Beschäftigungszahlen in Deutschland konstant hielt und Steuern einbrachte. Dies ist sozusagen ein wechselseitiger Gewinn, wobei die Griechen Deutschland dabei halfen, ihre wirtschaftliche Stärke zu behaupten, und im Gegenzug Deutschland den Griechen aus dem Schlamassel half, in das sie geraten waren.

In der Vergangenheit war die Welt ein Konglomerat aus Einzelteilen, doch als das Netzwerk der globalen Verbindungen immer dichter wurde, fanden wir uns in einer neuen, unberechenbaren und unvorhersehbaren Welt wieder. Der bekannter Soziologe Anthony Giddens drückte diese Fassungslosigkeit kurz und bündig und dennoch sehr treffend aus: „Ob es nun zum Besseren oder Schlechteren ist, wir werden in eine globale Ordnung getrieben. Wir alle verstehen sie nicht so richtig, spüren aber bereits sehr deutlich ihre Effekte."[19]

Ohne es zu planen, wurden wir von unabhängigen Ruderern im eigenen Boot zu einer Gesellschaft, welche sich nun auf einem gemeinsamen Boot auf dem Ozean des Lebens befindet, wie es Christine Lagarde im obigen Zitat so treffend bemerkte. Und solange wir nicht alle zustimmen, in welche Richtung gerudert werden soll, werden wir überhaupt nicht vorankommen, wie wir bereits an der globalen Verlangsamung erkennen. Stellen Sie sich vor, dass Millionen Menschen sich gleichzeitig in Millionen Richtungen fortbewegen. Das Ergebnis ist offensichtlich, dass wir uns in einem Zustand der Lähmung befinden, welcher den derzeitigen Zustand der Welt widerspiegelt.

Stellen Sie sich, um diese Lähmung besser zu verstehen, ein Paar vor, dessen Ehe in die Brüche geht. Auf dem Gipfel der Krise hassen sich die beiden so, dass sie es nicht länger aushalten, Seite an Seite zu leben. Sollten sie noch im selben Haus leben müssen, können sie es kaum erwarten, getrennte Wege zu gehen. In so einer gespannten Lage fällt ihnen die Decke auf den Kopf, und sie ekeln sich voreinander. Wie dieses verheiratete Paar sind auch wir Erdenbürger von Hass aufeinander erfüllt. Doch anders als das Paar können wir nicht einfach auseinandergehen, da es keine andere Erde gibt, auf der wir leben könnten.

„Da die gegenseitige Abhängigkeit jeden Menschen auf der Welt auf unvorhersehbare Weise beeinflusst, besteht die große Herausforderung der Menschheit nun darin, globale Risiken zu managen. Man denke nur an den Klimawandel, die Risiken einer nuklearen Katastrophe, terroristische Bedrohungen, Kollateralschäden der politischen Instabilität, die ökonomischen Auswirkungen der Finanzkrise, Epidemien und plötzliche, von den Medien hochgespielte Paniken, wie zum Beispiel Europas Gurkenkrise aus dem Jahr 2011 (Auf der Suche nach der Herkunft des EHEC-Erregers galten zeitweise Gurken aus Spanien als mögliche Träger des Bakteriums.). All diese Phänomene bilden die dunkle Seite der globalisierten Welt: Verschmutzung, Infektion, Instabilität, Abhängigkeit, Turbulenzen, Zerbrechlichkeit. Wechselbeziehungen und gegenseitige Abhängigkeit – eine geteilte Risikoexposition. Niemand ist vollständig isoliert, und „eigene" Angelegenheiten existieren nicht länger. Die Probleme der anderen Menschen wurden zu unseren Problemen und wir können sie nicht ignorieren oder hoffen, irgendeinen persönlichen Gewinn daraus zu ziehen."

Javier Solana, ehemaliger Generalsekretär der NATO[20]

Um mit dieser modernen Wirklichkeit zurechtzukommen, müssen wir auf das Netzwerk Welt, so wie es sich in den letzten

Jahrzehnten geformt hat, Rücksicht nehmen. Und hier kommt uns die Wissenschaft zur Hilfe. Verbundene Systeme sind nichts Neues, die ganze Natur besteht aus solchen Systemen. Der menschliche Körper – ein Vergleich, den wir öfters in diesem Buch benutzen werden – ist dafür das beste Beispiel. Alle Organe im Körper sind miteinander verflochten und arbeiten synchron und füreinander. Jede Zelle, jedes Organ im Körper kennt seine Rolle, erfüllt sie und trägt so zum Wohlergehen des gesamten Organismus bei: Das Herz pumpt Blut in den übrigen Körper, die Lungen nehmen Sauerstoff auf, und die Leber filtert das Blut, ebenfalls für den übrigen Körper.

Gleichzeitig ist aber auch jedes Organ unseres Körpers ein Konsument und erhält von ihm alles, was es zu seiner Lebenserhaltung braucht. Und dennoch ist jedes Organ nicht um seiner selbst willen da, also auf den eigenen Vorteil bedacht, sondern ihm geht es um den Organismus, also den Vorteil des gesamten Körpers. Organe existieren als Teile eines Kollektivs und formen gemeinsam eine einzige, vollkommene Einheit. Ohne diese Zusammenhänge könnten wir die Funktion oder den Zweck jedes einzelnen Organs gar nicht verstehen. Die Nährstoffe, die jedes Organ vom Körper erhält, bewirken, dass es den Zweck seiner Existenz und seine einzigartige Rolle innerhalb des übrigen Organismus erfüllt. Es realisiert sein volles Potenzial, indem es seine Produkte mit jenen des gesamten Organismus teilt. Das ist die erste Voraussetzung für ein Leben in einer Gemeinschaft.

Wenn ein Teil in diesem System seine Funktion nicht erfüllt, wird der Organismus krank. Wenn diese Krankheit länger dauert oder akut ist, führt sie zum Kollaps des gesamten Systems oder zum Tod des Organismus.

Die globale menschliche Gesellschaft und die Veränderungen, welche in den letzten Jahrzehnten auf der Welt auftraten, weisen darauf hin, dass die Menschheit zu einem integral verbundenen System wurde - genau wie die anderen Systeme der Natur. Daher müssen die Gesetze, welche die gegenseitigen Verbindungen zwischen den Elementen in der Natur bedingen, nun auch von den Menschen auf gesellschaftlicher Ebene bewusst eingehalten werden.

„Das 21. Jahrhundert ist – anders als die Periode nach dem Wiener Kongress – nicht länger ein Nullsummenspiel von Gewinnern und Verlierern. Sondern es ist ein Jahrhundert der vielfältigen Verbindungen. Je besser diese Verbindungen verknüpft sind, umso eher werden gute Ideen und Prinzipien daraus hervorgehen."

Professor Dr. Ludger Künhardt, Direktor des Zentrums für europäische Integrationsstudien[21]

Bis vor Kurzem waren wir mehr oder weniger unabhängige Einheiten. Wir schufen eine Gesellschaft, die jedem erlaubte, aus eigener Kraft erfolgreich zu sein, selbst wenn dieser Erfolg oft auf Kosten anderer ging.

Doch das Netzwerk der Verbindungen, das sich nun entwickelt, zeigt uns, dass dieser Ansatz nicht länger funktionieren kann. Der alte Weg hat sich selbst erschöpft und muss nun erneuert werden. Um weiter voranzuschreiten, müssen wir die neue Funktionalität einbeziehen, welche sich mit der Globalisierung ergab. Und dazu sollten wir uns miteinander verbinden und zusammenarbeiten.

Mittlerweile sagen zahlreiche Experten auf vielen Gebieten, dass die alte Welt vor unseren Augen zerfällt, weil sie auf einer selbstzentrierten Methode beruht, die längst als verstaubt gilt. Die neue Welt erfordert von uns, dass wir alle Systeme und Prozesse auf Zusammenarbeit und gegenseitige Fürsorge ausrichten, wo jeder sich um das Wohlergehen des anderen kümmert. In den kommenden Jahren werden wir lernen müssen, wie wir miteinander arbeiten können, um unser Überleben zu sichern.

Jeder Mensch, jede Gesellschaft, jedes Volk und jeder Staat wird lernen müssen, wie man kooperiert.

„Die wahre Herausforderung besteht heute darin, unser Denken zu ändern – nicht nur unsere Systeme, unsere Institutionen oder unsere Politik. Wir benötigen die Vorstellungskraft, um dieses riesige Versprechen – und die Herausforderung – dieser verbundenen Welt, die wir geschaffen haben, zu erfassen. Die Zukunft braucht mehr Globalisierung, nicht weniger, mehr Kooperation und mehr Interaktion zwischen den Menschen und Kulturen und auch ein größeres Teilen der Verantwortung und der Interessen. Es ist die Vereinigung unserer globalen Unterschiedlichkeit, die wir heute brauchen."

Pascal Lamy, Generaldirektor der World Trade Organization (WTO)[22]

Die Lösung der gegenwärtigen Krise hängt hauptsächlich davon ab, ob und wie wir uns verändern und uns der neuen Wirklichkeit anpassen. Aus diesem Grund beginnen Menschen rund um die Welt, ihr Verhalten zu ändern - sie spüren, dass ihre Regierungen nicht richtig funktionieren und daher auch keine Lösungen für die vielfältigen Probleme anbieten können. Immer mehr gehen auf die Straße und versammeln sich dort mit Gleichgesinnten.

Sie nennen viele Gründe für ihren Protest - abhängig davon, aus welchem Land sie kommen. In der arabischen Welt demonstriert man für Demokratie und Redefreiheit. In Europa verlangt man Lösungen für die hohe Arbeitslosigkeit und die Sparmaßnahmen. Und in Amerika ist es das Ungleichgewicht zwischen dem 1 Prozent Reichen und den 99 Prozent Armen.

Sobald die Menschen sich im Rahmen solcher Proteste versammeln, erreichen sie eine höhere Bewusstseinsstufe. Man konnte dies an den Zeltstädten in ganz Europa, in der *Occupy*-Bewegung in den USA und sogar in Ägypten beobachten, wo sich Menschen beharrlich versammeln, weil sie merken, dass sie gemeinsam stärker sind und die Chancen steigen, das zu bekommen, was sie fordern. Selbst wenn sie nicht klar ausdrücken können, was sie wollen, wie zum Beispiel in den frühen Tagen der *Occupy*-Bewegung, ist bereits klar, dass die Menschen die Erfahrung einer natürlichen Demokratie genießen, in der alle Entscheidungen durch Gemeinschaftsgeist und nicht durch Lobbyismus oder politische Manöver getroffen werden.

Das Zusammensein der Protestierenden bringt sich in eine Linie mit den neuen Gesetzen der globalisierten Welt. Diese Kongruenz verleiht den Protestbewegungen zusätzliche Kraft - eine Kraft, welche die Regierungen auf der ganzen Welt anerkennen müssen und der sie nicht weiter gleichgültig gegenüberstehen können. Um erfolgreich zu sein, müssen sich die Protestbewegungen jedoch harmonisch in das Gesetz der Globalisierung einfügen. Jede Lösung, die eine Fraktion über eine andere stellte, würde sich nicht vom derzeitigen System unterscheiden und daher scheitern.

Jegliche Gruppierung, welche die eigenen Bedürfnisse auf Kosten anderer befriedigt, wird den derzeitigen Kampf weiter intensivieren und den Niedergang der Gesellschaft und der Wirtschaft eines Landes beschleunigen. Der neue Zustand dieser Welt erfordert, dass wir alle - vom einfachen Bürger bis zum Entscheidungsträger - in die Problemlösung Aspekte wie Abwägung, Rücksichtnahme und wechselseitige Verantwortung einfließen lassen.

„Unser Wohlergehen ist untrennbar mit demjenigen der anderen auf der ganzen Welt verknüpft. An einem bestimmten Punkt müssen wir aufhören zu streiten und uns an unsere Vernetzung gewöhnen. Wie Clinton es ausdrückte, ‚wenn unsere Abhängigkeit wächst ... wird es uns besser gehen, wenn es anderen Menschen besser geht, daher müssen wir Wege finden, damit wir alle gewinnen können.'"

Gregory Rodriguez, Gründungsmitglied des Center for Social Cohesion an der Universität von Arizona[23]

Die neue Welt verlangt, dass wir unsere Beziehungen nicht durch Gewalt revolutionieren, sondern mit unseren Herzen. In jedem von uns muss das geschehen. In Kapitel 3 und 4 werden wir die Möglichkeiten, mit dieser Revolution zurechtzukommen und erfolgreich zu sein, erörtern. Kurz gesagt liegt der Zweck dieser Revolution darin, unsere Wahrnehmung zu erweitern und unser Bewusstsein *vom Ich zum Wir* zu verändern, was uns sozusagen aus unseren individuellen Zwangsjacken befreit und in eine große gemeinsame Sphäre ohne Grenzen entlässt.

Ohne Zweifel leben wir in einer besonderen Zeit. Die gegenseitige Fürsorge präsentiert sich uns als Lebensgesetz in dieser vernetzen Welt. Im nächsten Kapitel werden wir sehen, dass wir alle nicht nur miteinander verbunden sind, sondern dass wir und die ganze Natur sogar eine einzige Einheit bilden.

„Ich fragte den Dalai Lama was der Schlüssel zum Frieden sei. Er sagte: ‚denke ***wir****, nicht* **ich** *oder* **mich***'Allen Leistungssportlern sei eine Mt-Diagnostik einschließlich der SOD-2- und -1-Polymorphismen dringend ans Herz gelegt. Wer auf der sicheren Seite leben und Sport treiben will, kann täglich 30 Minuten moderat joggen oder stramm gehen. Es aktiviert und regeneriert die Mt..“*

Kenro Izu, Gründer der Organisation Freunde ohne Grenzen[24]

Kapitel 2:
Die Natur und Wir

„Ein Mensch ist Teil des Ganzen, das wir Universum nennen. Wir erfahren uns selbst, unsere Gedanken und Gefühle als etwas, das vom Rest abgetrennt ist, eine Art optische Täuschung des Bewusstseins.“

Albert Einstein, in einem Brief aus dem Jahr 1950[25]

Legen wir eine kleine Pause ein in unserem geschäftigen, postmodernen, auf Selbstliebe ausgerichteten Alltagsleben und schauen wir, woher die gegenseitige Fürsorge überhaupt kommt. Mitten im Herzen des unendlichen Universums liegt eine Spiralgalaxie ohne große Besonderheiten. Darin gibt es einen durchschnittlich aussehenden Stern mit Planeten und Asteroiden um ihn herum, wie so viele andere Sterne im Universum auch.

Doch auf dem drittnächsten Planeten dieses Sterns existiert ein Phänomen, das es auf den anderen Planeten nicht gibt – vielleicht auf gar keinem anderen Planeten, obwohl das Universum viel zu groß ist, um das mit Sicherheit behaupten zu können. Dieses Phänomen nennen wir „Leben“.

Das Leben ist ein spezielles Phänomen, dessen Dynamik sich ständig ändert. Und sie verändert sich nicht zufällig, sondern schlägt eine sehr klare Richtung ein – vom Einfachen zum Komplexen, von der Trennung zur Integration. „Unmittelbar nach dem Urknall wurde das Universum von Strahlung dominiert“, erklärt eine Veröffentlichung des MIT-Haystack-Observatoriums.[26] „Schon bald kombinierten sich Quarks miteinander, um

Baryonen zu formen (Protonen und Neutronen). Als das Universum drei Minuten alt war, war es ausreichend abgekühlt, sodass sich diese Protonen und Neutronen zu Kernen verbinden konnten."

Der Prozess der wachsenden Integration und Komplexität setzte sich fort und formte Galaxien, Sterne und Planeten. Auf zumindest einem dieser Planeten setzte sich der Prozess über der Stufe der Gesteine hinaus noch weiter fort und brachte eine organische Stufe hervor, die wir „Leben" nennen. Organisches Material häufte sich so an, dass es eine einzigartige Eigenschaft hervorbrachte - die Zellteilung. Im Laufe der Evolution wurde dieses Material zunehmend ausgeklügelter. Es übernahm spezielle Aufgaben, welche zum Vorteil der ganzen Ansammlung von Zellen (oder der Moleküle innerhalb einer Zelle) beitrugen. Dieses organische Material war abhängig von dem Rest der Elemente in der Gruppe, wobei jeder Teil seine einzigartige Funktion ausübte und dennoch die Bedürfnisse des anderen Teils befriedigte. Das waren die ersten Beispiele der Natur für gegenseitige Fürsorge. Diese Prinzipien, welche auf diese Zellkolonien vor Milliarden von Jahren anzuwenden waren, gelten auch heute noch für jedes lebende Wesen.

Vor etwa 200.000 Jahren erschien der Mensch auf der Erde. Der Mensch empfindet sich als völlig eigenständig - getrennt von der Natur -, und das unterscheidet ihn maßgeblich von den anderen Lebewesen. Er fühlt sich als etwas Höheres; er fühlt sich nicht als Teil des Systems, sondern als darüberstehend. So gesehen brachte der Mensch die Selbstgerechtigkeit ins natürliche System ein. Alle anderen Tiere und Pflanzen und selbst Steine nehmen ihre Aufgaben wahr, so wie die Natur es bestimmt, durch Instinkte und erlernte Verhaltensweisen. Wir hingegen haben die Freiheit der Wahl, für unsere eigenen Interessen zu arbeiten oder für jene der Gesellschaft.

Ein Blick auf die Natur zeigt, dass es für jedes Individuum

von großem Vorteil ist, die gegenseitige Fürsorge und die Interessen der Gesellschaft über die eigenen Interessen zu stellen. Wie wir es in Bezug auf den Körper im vorigen Kapitel erklärt haben, kann kein Organismus existieren, solange die Zellen ausschließlich für sich selbst arbeiten. Und auf die gleiche Weise kann kein Mensch existieren, wenn wir alle nur für uns selbst denken und handeln. Stellen Sie sich sieben Milliarden Menschen vor, und jeder bestellte das Land, pflügte und bewässerte es ausschließlich für sich selbst; oder jeder müsste sich selbst um Nahrung und Kleidung kümmern. Was würde mit unserer Gesellschaft geschehen? Was würde mit *uns* geschehen?

Daher liegt es in unserem eigenen Interesse, dass wir zusammenarbeiten; jedoch gibt es etwas in uns, das uns geradezu dazu drängt, für uns selbst zu arbeiten und über unsere tatsächliche gegenseitige Abhängigkeit hinwegzusehen. Die Evolutionsbiologin Elisabeth Sahtouris erläuterte das Konzept der gegenseitigen Abhängigkeit von Eigeninteresse getriebener Elemente im Rahmen einer Präsentation in Tokio im November 2005: „In unserem Körper hat jedes Molekül, jede Zelle, jedes Organ ... Eigeninteressen. Wenn jede Stufe ihr Eigeninteresse zeigt ... bedarf es zahlreicher Verhandlungen zwischen den Stufen. Das ist das Geheimnis der Natur. In jedem Augenblick halten diese Verhandlungen das System Ihres Körpers im Gleichgewicht."

Die Evolution dauert bis heute an und hörte auch nicht auf, als der Homo sapiens erschien. Wenn wir das erkennen, wird uns klar, dass die Richtung tatsächlich vom Einfachen zum Komplexen geht – von der Trennung zur Verbindung, denn das ist der Lauf der Natur. Der einzige Unterschied zur Ära der frühen Menschen besteht darin, dass der Mensch heute nicht mehr dazu gezwungen ist, sich in ein System zu integrieren, sondern aktiv die Integration der Trennung vorziehen muss. Dadurch ist ein Leben in Harmonie, Ausgeglichenheit und Wohlstand erreichbar.

Daraus folgt, dass der Prozess, durch den sich die Welt in ein globales Dorf verwandelt hat, kein Zufall ist, sondern eine natürliche Entwicklung der 14 Milliarden Jahre seit dem Urknall. Die Krise, welcher die Menschheit heute gegenübersteht, ist kein Kollaps der Zivilisation, sondern das Erscheinen einer neuen Stufe, auf welcher sich auch die Menschheit zu einer einzigen Einheit verbinden wird. Und sie wird sich ihrer Verbundenheit bewusst sein und in Harmonie damit umgehen. Wenn wir diese Bewusstwerdung erreichen, werden auch wir wie ein einziger Organismus zusammenarbeiten, in welchem jedes Organ zum Wohlergehen des Ganzen arbeitet und der Rest des Organismus wiederum die Bedürfnisse dieses Organs erfüllt.

ERGÄNZUNG UND WECHSELWIRKUNG

„Einheit und Ergänzung bewirken die Wirklichkeit."[27]

Werner Heisenberg, Physiker, formulierte die Heisenbergsche Unschärferelation

Eine weitere Erforschung der Natur legt die tiefen, in ihr herrschenden Verbindungen offen. Jedes Element ergänzt andere Elemente und dient ihnen – wie man an der Nahrungskette erkennen kann: Pflanzen ernähren sich von Mineralien, Pflanzenfresser von Pflanzen und Fleischfresser von Pflanzenfressern. Diese Kette beinhaltet Myriaden von Unterketten, welche gemeinsam die gesamte Nahrungskette bilden. In dieser Nahrungskette wirkt jedes Element auf jedes andere Element, und jegliche Veränderung in dem einen bewirkt eine Veränderung in einem anderen Element dieser Kette.

Studien zeigen, dass jedes Element, das seine Funktion erfüllt, zur Bildung von Ökosystemen und der Ausgeglichenheit der Elemente in solchen Systemen beiträgt und sie so gesund erhält.

Ein Bericht, der dem US-Bildungsministerium im Oktober 2003 durch Irene Sanders und Dr. Judith McCabe unterbreitet wurde, zeigt klar auf, was passiert, wenn wir das natürliche Gleichgewicht verletzen. „1991 wurde ein Orca – ein Killerwahl – gesichtet, der einen Seeotter fraß. Orcas und Seeotter koexistieren in der Regel friedlich. Was ist also geschehen? Ökologen fanden heraus, dass der Bestand der Rotbarsche und Heringe abgenommen hatte, die als Nahrung für Robben und Seelöwen, aber nicht für Seeotter dienen. Und Orcas fressen in der Regel Robben und Seelöwen, deren Bestand dadurch ebenfalls abgenommen hatte. Da die Orcas also ihrer Robben und Seelöwen beraubt waren, wandten sie sich den verspielten Seeottern zu und vernaschten sie zum Abendessen.

Somit schwanden die Otter, weil der Fisch, der gar nie auf ihrer Speisekarte stand, verschwunden war. Nun weitet sich die Kettenreaktion aus, denn durch die schrumpfende Zahl von Seeottern explodierte die Zahl der Seeigel. Seeigel wiederum leben vom Seetang des Meeresgrundes. Der Seetang bietet denjenigen Fischen Unterkunft, die wiederum Möwen und Seeadlern als Nahrung dienen. Wie die Orcas können Möwen andere Nahrung finden, aber Weißkopf-Seeadler sind dazu nicht in der Lage und geraten in Schwierigkeiten.

Alles begann also mit der Abnahme der Rotbarsch- und Heringsbestände. Weshalb? Nun, japanische Wahlfänger haben jene Walarten ausgerottet, die dieselben mikroskopischen Organismen fressen, von denen sich auch die Köhler [eine fleischfressende Fischart] ernähren. Dadurch hat der Köhlerbestand zugenommen. Diese wiederum greifen den Bestand der Barsche und Heringe an, der den Seelöwen und Robben als Nahrung dient. Mit der Abnahme von Seelöwen und Robben müssen sich Orcas den Seeottern zuwenden.“

NATUR UND ÖKOLOGIE

Wie wir gesehen haben, besteht die Natur aus reziproken Verbindungen, welche Balance, Kongruenz und Harmonie erschaffen. Doch menschliche Wesen handeln nicht so wechselseitig ausgerichtet - weder untereinander noch in ihrer Verbindung zur Natur. Da es den Menschen an Kongruenz mit der Natur mangelt, gerät das ganze System in Ungleichgewicht, wie das vorherige Beispiel der Killerwale zeigte. Während die ganze Natur im Prinzip der gegenseitigen Fürsorge folgt - gib, was du kannst, und empfange, was du brauchst -, funktionieren menschliche Wesen gegenteilig - nimm, was du kannst, und gib, was du musst. Wir Menschen beuten uns gegenseitig und auch die Natur aus. Tatsächlich ist es uns gelungen, die Ressourcen unseres Planeten fast vollständig aufzubrauchen.

„Unser ökologischer Fußabdruck entspricht bereits erneuerbaren Energien von 1,5 Erden und wird voraussichtlich um 2050 das Ausmaß von zwei Erden erreichen. Anders gesagt ist unsere Bilanz negativ, und wir beuten das natürliche Kapital unseres Planeten aus. Niemand weiß, wie lange wir auf diesem Weg noch vorankommen, doch die Alarmglocken läuten bereits."

G. *Tyler Miller, Scott Spoolman, Living in the Environment: Principles, Connections, and Solutions*[28]

Die Menschheit ist einem bösartigem Krebsgeschwür ähnlich geworden. Sie saugt alles für sich selbst auf und nimmt dabei auf die Umgebung keine Rücksicht. Doch genau wie eine Krebsgeschwulst gemeinsam mit dem Organismus, den sie befallen hat, stirbt, wird die Menschheit untergehen, wenn sie sich nicht zu einem gesundes Organ im Organismus der Natur verändert.

Um zu verstehen, warum sich der Mensch so verantwortungslos benimmt, lohnt ein Blick auf die menschliche Natur. Wie die Biologin Sahtouris im oben stehenden Zitat erklärt, hat jedes Molekül, jede Zelle und jedes Organ eigene Interessen. Doch das bedeutet nicht, dass die Menschen das Heil des Organismus – welcher die Menschheit ausmacht – vergessen dürfen.

Was diese Tatsache verschleiert, ist unsere Selbstgerechtigkeit, unser „Narzissmus". Die Psychologen Jean M. Twenge und Keith Campbell beschreiben unsere Gesellschaft als „zunehmend narzisstisch"[29]. In ihrem berühmten Buch *The Narcissism Epidemic: Living in the Age of Entitlement* sprechen sie über den unaufhaltsamen Aufstieg des Narzissmus in unserer Kultur[30] und die Probleme, die er verursacht. „Die Vereinigten Staaten leiden derzeit an einer Narzissmus-Epidemie. Narzisstische Persönlichkeitsmerkmale nehmen fast so schnell zu wie Übergewicht. Schlimmer noch, der Anstieg des Narzissmus beschleunigt sich und wird in den kommenden Jahren noch schneller zunehmen als in den vorangegangenen Jahrzehnten. Um 2006 passte einer von vier Collegestudenten in das Persönlichkeitsprofil narzisstischer Persönlichkeiten. Heute wollen viele Menschen das, was Little Jackie singt: 'Yes, siree, the whole world should revolve around me.'"[31]

In Websters Dictionary wird Narzissmus als „Egoismus" definiert, was bedeutet, dass wir unerträglich selbstsüchtig geworden sind.

Unser aufgeblasener Egoismus ließ eine Konsumgesellschaft entstehen, die in aggressive Produktion, Marketing und den Konsum von Gütern und Dienstleistungen mündet – aber nicht, weil sie auf natürliche Weise unser Leben verbessern, sondern weil wir damit prahlen können. Wir kaufen, weil andere kaufen, denn wir wollen nicht als zurückgeblieben oder arm gelten.

Die Konsumgesellschaft führte dazu, dass jede Industrie ihre Produktion beschleunigte, sodass eine alarmierende Menge überflüssiger Produkte erzeugt wird. Und diese verschmutzen nun den Planeten und verbrauchen all seine Ressourcen, nur um ein nicht enden wollendes Streben nach Reichtum und sozialem Status zu ermöglichen. Doch es gibt eine Grenze, und diese ist bald erreicht.

Dem Bericht *International Energy Outlook 2011* der Internationalen Energie-Agentur (IEA) entsprechend sagte deren Chefökonom Fatih Birol der *Guardian*-Reporterin Fiona Harvey: „Die Tür ist zu. Ich bin sehr besorgt – wenn wir in unserer Energiepolitik nicht die Richtung ändern, enden wir unter dem Minimum, das uns die Wissenschaftler voraussagen. Die Tür wird für immer geschlossen bleiben."[32]

Ähnlich klingt auch eine Kurzfassung der Berichte der Yale Universität: „Ein vorläufiger Bericht des *Intergovernmental Panel on Climate Change* (IPCC) konstatiert eine 2:1-Wahrscheinlichkeit, dass die vom Menschen verursachte Klimaveränderung bereits jetzt zu einer Zunahme extremer Wetterphänomene führt. Die Zusammenfassung des Berichtes sagt, dass katastrophale Wettersituationen zu großen Verlusten an Menschen sowie Schäden an Eigentum führen werden und ‚manche Gebiete zunehmend als lebensfeindlich' eingestuft werden müssen und dass Wissenschaftler außerdem ‚virtuell sicher' sind, dass die Erderwärmung nicht nur einen Anstieg von Hitzewellen und Dürren in manchen Gebieten hervorruft, sondern auch schwere Regenfälle bringt, welche zu großräumigen Überflutungen führen werden."[33]

Der Mangel an Fürsorge für die Umgebung hatte zum Teil bereits katastrophale Auswirkungen auf unsere körperlichen Grundbedürfnisse wie Nahrung und Wasser. Durch Überfischung wurden einem Bericht des World Wildlife Fund (WWF) zufolge Fischpopulationen bereits stark dezimiert.

75 Prozent der Fischgründe sind ausgebeutet bzw. überfischt.[34]

Auch Ian Sample vom *Guardian* schreibt, dass 40 Prozent der weltweiten Landwirtschaftsflächen bereits ernsthaft in Gefahr seien. Das UN-Millennium-Ökosystem-Gutachten stuft die Bodendegradation (Zerstörung der natürlichen Merkmale, Strukturen und Funktionen des Bodens) als eine der größten Umweltbedrohungen ein. Gesellschaftliche Destabilisierung, Nahrungsmittelknappheit und zunehmende Armut zählen zu deren Folgen.[35]

Doch die Fakten zum Thema Wasser – der wichtigsten Substanz für jegliches Leben – sind die alarmierendsten. Eine Veröffentlichung des Kinderhilfswerks der Vereinten Nationen (UNICEF) zeigt, wie schädlich und gefährlich verunreinigtes Trinkwasser ist: „36 Prozent der Weltbevölkerung – 2,5 Milliarden Menschen (Datensammlung aus dem Jahr 2011) haben keine sanitären Einrichtungen, und über 768 Millionen Menschen haben keinen Zugang zu sauberem Trinkwasser. Fehlender Zugang zu sauberem Trinkwasser und fehlende sanitäre Einrichtungen gepaart mit schlechten hygienischen Bedingungen führen jeden Tag bei Tausenden von Kindern zu Krankheit und Tod sowie zu zunehmender Armut und fehlenden Möglichkeiten für Tausende mehr. Dies bringt auch andere ernsthafte Folgen mit sich. Kindern – und besonders Mädchen – wird das Recht auf Bildung verwehrt, weil es in den Schulen nur schlechte sanitäre Anlagen gibt. Frauen müssen viele Stunden ihres Arbeitstages damit zubringen, Wasser herbeizuschaffen. Bauern und Tagelöhner vermögen wegen Krankheit oft nicht, ihr Auskommen zu finden, da Gesundheitseinrichtungen überlaufen sind. Die Volkswirtschaft leidet in der Folge unter diesen Umständen. Ohne *WASH* (Wasser, sanitäre Einrichtungen und Hygiene) ist eine nachhaltige Entwicklung nicht möglich."[36]

„Die Zerstörung der natürlichen Stütze der Wirtschaft und die Störung des Klimas bringen die Menschheit an den Rand des Abgrunds. Diese Trends müssen umgekehrt werden. Dafür benötigt es aber außergewöhnliche Maßnahmen im Sinne einer Abkehr vom Tagesgeschäft.“

...

Da Land und Wasser knapp werden, wenn die Temperaturen steigen, da die Versorgungssicherheit schwindet, entsteht eine gefährliche Geopolitik durch Verknappung.“

Lester R. Brown, Umweltanalyst, Gründer und Präsident des Earth Policy Institute und Autor von World on the Edge: How to Prevent Environmental and Economic Collapse[37]

Am 6. Mai 2011 berichtete Matthew Lee von der *Associated Press*: „US-Außenministerin Hillary Rodham Clinton warnte davor, dass globale Nahrungsknappheit und in die Höhe schießende Preise zu einer weit gestreuten Destabilisierung führen und eine unmittelbare Reaktion erfordern würden, um eine Wiederholung der Krisen aus dem Jahr 2007 und 2008 zu verhindern, welche zu Aufständen in Dutzenden von Ländern in der gesamten Welt geführt hätten ... Die Vereinten Nationen schätzen, dass seit Juni 2010 wegen der ansteigenden Nahrungsmittelpreise rund 44 Millionen Menschen unter die Armutsgrenze gefallen sind, was zu erheblicher Unterversorgung und Unruhen führen könnte. Clinton sagte, dass die Welt nicht länger Hilfsleistungen hinauszögern könne, nur um letztendlich Erste Hilfe leisten zu können.“[38]

Leider folgte eine Woche später der ernüchternde Bericht, dass „die Welt nahezu 30 Prozent aller Nahrungsmittel verschwendet.[39] 30 Prozent aller in der Welt produzierten Nahrungsmittel würden entweder verschwendet oder verderben. Das sind nach einem neueren Bericht der Ernährungs- und Landwirtschaftsorganisation der Vereinten Nationen etwa

1,3 Milliarden Tonnen. ... Das wäre so, als würfe jeder Mensch in China, dem Land der Welt mit der größten Einwohnerzahl, eine Tonne Nahrungsmittel in den Müll. Dies bedeutet, dass die Menschen mit dem meisten Geld auch am meisten verschwenden. ... Und diese Zahlen werden veröffentlicht, nachdem wir gerade über zunehmende Nahrungsmittelpreise auf der ganzen Welt berichtet haben." Der CNN-Reporter Ramy Inocencio schließt: „Eine tief greifende Veränderung im Denken ist notwendig."

Tatsächlich müssen wir unsere Denkweise ändern und zu Garanten gegenseitiger Fürsorge werden. Mit einer solchen Einstellung würden keine Nahrungsmittel im Müll landen, wenn gleichzeitig Menschen auf der Welt hungrig schlafen gehen. In einer Gesellschaft der gegenseitigen Fürsorge wäre es nicht denkbar, die eigene Familie hungern zu lassen, während man selbst an Fettleibigkeit leidet.

Michel Camdessus, ehemaliger Direktor des Internationalen Währungsfonds (IWF), erklärt die Verbindung zwischen dem Zustand der Wirtschaft, dem Zustand der Umwelt und dem Mangel an gegenseitiger Fürsorge, welche er als Ursache beider Krisen sieht. „Wir haben es hier mit einer Art ethischem, globalem Problem zu tun. Seit Jahren hören wir schon die Alarmglocken, dass sich die Finanzwelt weniger gierig benehmen solle, sich um die Gemeinschaft und die Nachbarn kümmern solle – doch all diese Prinzipien wurden vergessen. Wir müssen eine Art globales, ethisches System, das uns jetzt fehlt, wiederaufbauen. Beide (finanzielle und Umweltkrise) haben ihren Ursprung in der Ausbeutung der natürlichen Ressourcen bzw. der wirtschaftlichen Mechanismen. Das heißt, dass wir alle unsere Konzepte überdenken müssen. Wir müssen uns stärker bewusst werden, dass wir in den zukünftigen Jahren mehr Verantwortung zu tragen haben."[40]

Doch trotz der offensichtlichen Begrenztheit der natürlichen Ressourcen und des Schadens, den wir hervorgerufen haben, fahren wir fort, unsere Mutter Erde auszubeuten, sinnlos Luft, Wasser und Boden zu verschmutzen und hinterlassen unseren Kindern einen Planeten, der sie weder mit Nahrung noch mit Energie versorgen kann.

Zur steten Ausbeutung unserer begrenzten Energieressourcen interviewte Steve Connor vom *Independant Fatih Birol, Chefökonom der International Energy Agency* (IEA): „Dr. Birol sagte, dass die Öffentlichkeit und viele Regierungen das Faktum vergessen zu haben scheinen, dass das Erdöl, von dem die moderne Zivilisation abhängt, viel schneller versiegt als vorausgesagt und dass die globale Produktion wahrscheinlich in zehn Jahren ihren Höhepunkt erreicht – mindestens um ein Jahrzehnt früher, als die meisten Regierungen vermutet hatten."[41]

Die Balance wiederherstellen

„Bisher lehnte sich der Mensch gegen die Natur auf; von nun an wird er sich gegen die eigene Natur auflehnen."[42]

Dennis Gabor, Erfinder der Holografie, Gewinner des Nobelpreises für Physik 1971

„Balance" ist das Schlagwort für das Spiel in der Natur. Es ist der Zustand, den die Natur für alle ihre Elemente vorgesehen hat. Der einzige Grund, aus dem eine Substanz oder ein Objekt sich bewegt bzw. sich verändert, liegt in seinem „Bestreben", das Gleichgewicht wiederherzustellen. Dieses Bestreben ruft Phänomene wie Wind hervor, der sich von wärmeren Gebieten in kühlere bewegt, den Fluss des Wassers zu tiefer gelegenen Gebieten hinführt und viele andere Phänomene. In lebenden Organismen wird der Zustand des Gleichgewichts als „Homöostase" (von griechisch *hómoios*, „gleichartig" und *stasis*, „stillstehen") bezeichnet. *Webster's Dictionary* definiert Homöostase als einen „relativ stabilen Gleichgewichtszustand oder eine Tendenz in Richtung eines solchen Zustandes zwischen unterschiedlichen, jedoch voneinander abhängigen Elementen oder Gruppen von Elementen eines Organismus, einer Population oder einer Gruppe."

Wir als unterschiedliche, jedoch voneinander abhängende Teile der Natur sind Thema dieses Gesetzes des Gleichgewichts bzw. der Homöostase in unseren Körpern, aber auch in unserer gesamten Population, wie es das Wörterbuch definiert. Das bedeutet, dass die Menschheit keine besondere Wesenheit ist, sondern ein integraler Teil der Natur. Aus diesem Grund unterliegen wir allen Naturgesetzen sowohl in Bezug auf unsere Körper wie auch auf unsere Gesellschaft.

Auf der menschlichen Ebene bedeutet *im Gleichgewicht sein*, dass man die Aufmerksamkeit von sich selbst auf die Gesellschaft bzw. die globale Welt lenkt. Wir müssen uns mehr um die anderen und unsere Umgebung sorgen, da wir Teile des Systems sind, welches auch uns einschließt. Die oben genannten Beispiele illustrieren einige Folgen, die wir erleiden, wenn wir uns weiterhin gleichgültig gegen unsere Verbindungen zwischen uns - und uns und der Natur - verhalten.

WEHEN

„Die Herausforderung für uns besteht darin, uns über die schmalen Grenzen unserer individuellen Sorge zu einer allumfassenden Sorge für die gesamte Menschheit zu erheben. Die neue Welt ist eine Welt der geografischen Gemeinsamkeit. Das bedeutet, dass kein Individuum oder Volk allein leben kann. Wir müssen alle lernen, gemeinsam zu leben, oder wir werden gemeinsam sterben."

Martin Luther King, Jr.[43]

Nun, da der menschliche Egoismus für unsere Existenz zur Bedrohung wurde, stehen wir vor der Wahl: Wir können sitzen bleiben, der Natur ihren Lauf lassen und darauf warten, dass uns die Sorgen einholen, bevor wir genau wissen, wie wir mit ihnen umgehen sollen. Oder wir können die Sache selbst in die Hand nehmen und Verantwortung für unsere Zukunft übernehmen. Heute wäre die Menschheit trotz aller Widrigkeiten noch immer in der Lage, in Richtung Gleichgewicht und Harmonie mit der Natur zu gehen und somit einen nachhaltigen Wohlstand zu sichern. Alles, was wir dazu benötigen, ist der Denkansatz einer wechselseitigen Fürsorge, um uns so mit der Natur zu synchronisieren. Dadurch wird die Gesellschaft nachhaltiger werden, reich, sicher und friedlich – da es kaum Krieg unter jenen geben wird, die danach streben, sich um das Wohlbefinden des anderen zu kümmern. Das nächste Kapitel wird die praktischen Schritte aufzeigen, die wir für solch eine Zivilisation unternehmen müssen.

Kapitel 3:
Der praktische Weg

„Das große Projekt des 21. Jahrhunderts – zu verstehen, dass die Menschheit mehr ist als die Summe ihrer Teile – steht uns jetzt bevor. Wie ein erwachendes Kind wird sich der menschliche Superorganismus seiner selbst bewusst, und dies wird uns sicher dabei helfen, unsere Ziele zu erreichen."

N. Christakis & J. Fowler, Connected: The Surprising Power of Our Social Networks[44]

In den vorangegangenen Kapiteln wurden die Verbindungen beschrieben, welche die ganze Welt in ein einziges Netzwerk verwandeln. Wir realisierten, dass dieses Netzwerk eine natürliche Schöpfung der Evolution ist und sich von *einfach* zu *komplex* verändert, von der Trennung zur Integration. Diese Verbundenheit bedingt, dass die gegenseitige Fürsorge die Formel darstellt, nach der alles Leben sich selbst erhält, und wenn die Menschheit nachhaltig sein möchte, müssen wir diesen *Modus operandi* auch auf uns anwenden.

Wie sollten wir das anfangen? Wie kann ein Individuum oder eine Gesellschaft die Einstellung zu sich selbst in die auf den Nächsten ändern? Anders gesagt, wie kann man sich vom *Ich* zum *Wir* verändern? Noch dazu darf diese Änderung nicht zufällig erfolgen, sondern soll zu einer Abkehr von der Selbstliebe führen, wie im bereits erwähnten Buch *The Narcissism Epidemic* von Twenge und Campbell beschrieben.

Wir können diesen Zustand nur durch Änderung unserer sozialen Werte erreichen. Wenn wir unsere Verhaltensweisen analysieren, kommen wir dahinter, dass sie oft dazu dienen sollen, soziale Bestätigung von unserer Umgebung zu erhalten. Geschätzt zu werden gibt uns Vertrauen und Begeisterung, während ein Mangel daran Schmerzen verursacht und uns unsicher macht; wir schämen uns dann für das, was wir sind. Ob bewusst oder nicht tendieren wir dazu, den Verhaltenscodes und Werten der Gesellschaft zu folgen.

Die Psychologin Maria Konnikova schrieb über unser Bedürfnis, den Normen der Gesellschaft zu folgen, in ihrem Blog auf *Scientific American*: „Wir verhalten uns ganz anders, wenn wir uns beobachtet fühlen; und wir reagieren heftig auf die vorherrschenden sozialen Sitten und soziale Normen. ... Wenn wir entscheiden, etwas zu tun, spielt es dann für uns eine Rolle, ob jemand anders uns dabei beobachtet? Während uns das theoretisch egal sein könnte, halten wir uns oft an die üblichen Verhaltensweisen. Das gilt für unwichtige (Würden Sie in der Öffentlichkeit in der Nase bohren? Was, wenn Sie sicher wären, dass niemand Sie beobachtet?) genauso wie für wichtigere (Würden Sie jemanden verletzen - sei es nun körperlich oder emotional - wenn andere Sie beobachten? Was wäre, wenn Sie ziemlich sicher wären, dass die Übeltat niemals entdeckt würde?).“[45]

Sobald wir also die Werte unserer Gesellschaft ändern, damit wir gegenseitige Fürsorge und Fürsorglichkeit an erste Stelle setzen, umso eher werden sich unsere Werte verändern. Wenn die Gesellschaft die Menschen nach ihrem Beitrag zur Gesellschaft bewertet, werden sich die Menschen auch wünschen, zur Gesellschaft beizutragen, damit auch sie geschätzt werden. Billigte man Respekt und sozialen Status, die man sich derzeit durch Leistungen in finanzieller Hinsicht erwirbt - und deren Folgen wir auch momentan tragen -, jenen Menschen zu, die sich für das Wohl der Gesellschaft engagierten, würde bald jeder anfangen, konstruktiv zum Wohlergehen der Gesellschaft beizutragen.

Änderung der öffentlichen Meinung

Der Einfluss der öffentlichen Meinung wurde deutlich während der globalen Unruhen im Jahr 2011, welche zuerst in der arabischen Welt begannen und dann auf Europa überschwappten, um sich schließlich weltweit auszubreiten. Genährt wurde dies zu Beginn durch die sozialen Medien wie Facebook und Twitter und erst später durch die üblichen Medien. Das Konzept des 1 Prozents vs. den 99 Prozent wurde erst mit der *Occupy-Wall Street*-(OWS)-Bewegung im September 2011 bekannt.

Eine weitere Bestätigung der Macht des sozialen Diskurses und der öffentlichen Meinung in Bezug auf die Verbesserung der Gesellschaft zeigte eine Stellungnahme der Weltbank mit dem Titel *Die Macht des öffentlichen Diskurses:* „Das Konzept der offenen Entwicklung (gleiche Handelsmöglichkeiten für alle) setzt eine verbesserte Information bzw. Verfügbarkeit von Information für die Bürger voraus. ... Der Zweck liegt darin, einen Wechsel der Machtverhältnisse hervorzurufen, und zwar von Institutionen und Regierungen, deren Verantwortlichkeit darin besteht, Dienstleistungen anzubieten und das Leben zu verbessern, zu den Menschen, für welche diese Dienstleistungen bestimmt sind. Die Macht kann effektiv auf kleine Gruppen von Bürgern aufgeteilt werden, die Politiker oder Dienstleister damit konfrontieren, dass sie nicht die Leistungen erbringen, für die sie bezahlt werden. Da Korruption und politische Eigeninteressen stark zugenommen haben, wird eine offene Entwicklung nicht die gewünschten Effekte haben, solange die Öffentlichkeit nicht in der Lage ist, gemeinsam und friedlich den öffentlichen Einfluss auszuüben."[46]

Die Effektivität des Einflusses der Umgebung wurde bereits vor Jahrzehnten bewiesen. Im Jahr 1951 veröffentlichte der Psychologe Solomon Eliot Asch eine der bekanntesten Studien zu diesem Thema. Sein Konformitätsexperiment zeigte, wie Gruppenzwang Personen so zu beeinflussen vermag, dass sie eine offensichtlich falsche Aussage als richtig bewertet. Eine Reihe von Personen saß an einem Konferenztisch. Der Versuchsperson, die diesen Raum betrat, wurde gesagt, es handle sich um andere freiwillige Teilnehmer an dem Experiment. In Wahrheit waren jedoch alle Anwesenden außer der Versuchsperson Vertraute des Versuchsleiters.

Auf einem Bildschirm vor dieser Gruppe wurde eine Linie dargeboten. Neben dieser Referenzlinie wurden drei weitere Linien eingeblendet, und es war die Aufgabe der Personen, einzuschätzen, welche dieser drei Vergleichslinien gleich lang wie die Referenzlinie war.

Bei jedem Durchgang war eine der Linien deutlich erkennbar gleich lang wie die Referenzlinie (siehe Bild). In der Kontrollgruppe sollten die Vertrauten des Versuchsleiters ihre wahre Einschätzung in der Gruppe äußern, welche Linie die gleich lang sei. Erwartungsgemäß macht die Versuchsperson, die mit den heimlich Vertrauten am Tisch sitzt, unter dieser Bedingung kaum Fehler (0,15 Prozent).

„In der Experimentalgruppe fanden jeweils 18 Schätzungen statt. Während sechs dieser Durchgänge waren die heimlichen Vertrauten instruiert, ein richtiges Urteil abzugeben (um glaubhaft zu erscheinen). Während der verbliebenen zwölf Durchgänge (zufällig unter die sechs richtigen gemischt) sollten die Vertrauten einstimmig ein falsches Urteil abgeben. Unter dieser

Bedingung blieb keine Versuchsperson fehlerfrei. Im Durchschnitt begingen die Versuchspersonen 37 Prozent Fehler, jeder passte sich also im Durchschnitt in etwa einem Drittel der Fälle der Mehrheit an (trotz offensichtlicher Fehlentscheidung)."[47] Das ist aber eine geschönte Darstellung, da fast alle Probanden mindestens einen Fehler trotz offensichtlicher Fehlentscheidung begingen.

Offensichtlich gibt es zwei Gründe für die Konformität: in die Gruppe passen (normativer Einfluss) zu wollen oder weil man denkt, dass die Gruppe besser informiert sei als man selbst (Informationseinfluss).

Einer neuen Studie zufolge beweist die Orwellsche Idee, dass der Einfluss der sozialen Umgebung selbst Erinnerungen verändern kann. Eine Studie im Weizmann-Institut für Wissenschaften testete, inwieweit Erinnerungen von Menschen durch soziale Manipulation verändert werden können. Diese neue Studie zeigt, dass ein wenig sozialer Druck alles ist, was dazu notwendig ist. Das Experiment verlief in vier Stufen. Zunächst sahen Freiwillige einen Film an. Drei Tage später absolvierten sie einen Test und beantworteten Fragen zu dem Film. Sie wurden auch dazu befragt, wie sicher sie sich ihrer Antworten waren.

Später wurden sie nochmals eingeladen, diesen Test zu bestreiten, während sie sich in einem Magnetresonanzgerät befanden, das ihre Gehirnaktivität aufzeichnete. Diesmal wurden den Studenten auch die Antworten der anderen gezeigt. Dazwischen wurden falsche Antworten eingeschleust – zu Fragen, welche die Freiwilligen zuvor richtig beantwortet hatten. Nachdem sie diese eingeschleusten Antworten bemerkt hatten, wendeten sich die Teilnehmer jener Gruppe zu, die nahezu 70 Prozent falsche Antworten gab.

Doch passten sie sich einfach sozialen Anforderungen an, oder hatte sich ihre Erinnerung an den Film tatsächlich geändert? Um das herauszufinden, wurden die Probanden noch einmal zum Erinnerungstest eingeladen. In manchen Fällen antworteten sie wie ursprünglich, aber nahezu die Hälfte blieb bei den falschen Antworten, was den Schluss nahelegte, dass die Teilnehmer sich auf ihre falschen Erinnerungsimplantate der früheren Sitzung verließen.

Die Analyse der Funktionsmagnetresonanz-Untersuchung zeigte unterschiedliche Aktivitäten zwischen den bleibenden *false memories* (falschen Erinnerungen) und den vorübergehenden Irrtümern der sozialen Konformität. Die Wissenschaftler glauben, dass es eine Verbindung gibt, welche die sozialen Anteile und die Teile des Gehirns verbindet, die Erinnerungen verarbeiten. Spannend ist, was sich bei diesen *false memories* im Gehirn abspielt. Denn dessen Aktivität unterscheidet sich sichtbar, je nachdem, ob die falschen Gedächtnisinhalte nur kurzfristig infolge sozialen Drucks zustande kommen oder dauerhaft sind. Bei Letzteren wird der Hippocampus, der das Langzeitgedächtnis steuert, stark aktiviert und mit der Amygdala verbunden, welche laut den Forschern die Gehirnteile für das Soziale und das Gedächtnis miteinander verschaltet und mitentscheidet, was abgespeichert wird. Bei dieser Schwachstelle könnte sozialer Druck dafür sorgen, dass sichere Gedächtnisinhalte durch falsche ersetzt werden.[48]

„Die meisten Menschen sind sich nicht einmal ihres Bedürfnisses nach Konformität bewusst. Sie leben in der Illusion, eigenen Ideen und Neigungen zu folgen, Individualisten zu sein und als Ergebnis eigenen Denkens ihre Meinung gebildet zu haben - dass ihre Vorstellungen demnach also rein zufällig denen der Majorität entsprechen."[49]

Erich Fromm, Die Kunst des Liebens

Nun, da wir gezeigt haben, wie die Gesellschaft die Perspektive der Menschen beeinflusst, wollen wir dieses Thema von einem praktischen, erzieherischen Blickpunkt aus betrachten. Der Einfluss der Medien auf unsere Einstellungen, sowohl physisch als auch psychisch, wurde mehr als einmal erkannt und ausführlich dokumentiert. Schlagzeilen wie „Gewalttätige Videospiele führen zu Veränderungen im Gehirn"[50] und ähnliche deuten darauf hin, dass uns sehr wohl bewusst ist, dass von gewalttätigen und aggressiven Medien Gefahr ausgeht. Und die Medien zeigen uns diese Bilder nicht nur ständig, sondern erhöhen auch noch deren Frequenz und Detailtreue.

Die Online-Publikation *Television and Children* des *University of Michigan Health System* zeigt, wie viel Gewalt junge Köpfe aufnehmen: „Ein durchschnittliches amerikanisches Kind sieht im Fernsehen bis zum 18. Lebensjahr rund 200.000 Gewalttaten und 16.000 Morde. Wem diese Zahlen nicht alarmierend erscheinen, sollte bedenken, dass dies 6.570 Tagen in 18 Jahren entspricht. Das bedeutet, dass ein Kind bis zu seinem 18. Lebensjahr an *jedem Tag seines jungen Lebens* durchschnittlich 30 Gewaltakten und 2,4 Morden im Fernsehen ausgesetzt ist."

„Es ist nicht die Neutralität, die wir bewahren sollen, sondern vielmehr die Einheit, die Einheit einer gemeinsamen Fürsorge, wechselseitiger Verantwortung ... Dorthin soll unsere Erziehungsarbeit für unsere Nachkommen gehen, und noch viel wichtiger ist dies für die bereits Erwachsenen."

Martin Buber, Philosoph und Erzieher, A Nation and a World: Essays on current events[51]

Zusammenfassend kann man sagen, dass die zeitgenössische Forschung beweist, dass „meine heutige Umgebung morgen mein Ich sein wird." Da wir das Produkt unserer Umgebung sind, muss jede Veränderung, die wir uns wünschen, zunächst in der Umgebung aufgenommen werden. Daher müssen wir eine Umgebung schaffen, in welcher der Wert der gegenseitigen Fürsorge verstärkt und als erstrebenswert präsentiert wird; dadurch steigt auch in unseren Augen dieser Wert.

Realisierung: Internet und zwischenmenschliche Kommunikation

Die schnellste und offensichtlichste Lösung für eine Veränderung der Werte liegt in den zentralen Elementen, die unsere heutigen Muster entwerfen – das sind die Medien und das Internet. Um unsere soziale Haltung zu ändern, müssen wir nur den Diskurs in den Medien ändern. Wie wir oben gezeigt haben, würden wir vermutlich gerne geben und teilen, wenn uns die Medien Geben, Teilen und Kooperieren als gut vorstellten.

Doch in der heutigen Realität wird unser Ego weiter aufgeblasen, Selbstsüchtigkeit wird belohnt, und manipulative Menschen erhalten positiv besetzte Namen wie „Draufgänger" oder „Kämpfernatur". Es überrascht kaum, dass altruistisch geprägte Kinder in der Schule als Schwächlinge angesehen werden. Es überrascht auch nicht, dass man nahezu in jeder texanischen Schule Polizeibeamte abstellen muss – nicht um gefährliche Erwachsene von den Schulen fernzuhalten, sondern um gewalttätige *Kinder* fernzuhalten. Selbst Kinder im Alter von sechs Jahren müssen manchmal eingesperrt werden. Und nicht nur ein paar Kinder sind betroffen, sondern 300.000 Kinder im Jahr 2010, und das nur in einem einzigen Staat.[52]

Das Unterhaltungsfernsehen muss nicht gleichbedeutend mit Gewalt sein oder mit selbstdarstellerischen Talkshows. Es ist sehr gut möglich, ein qualitativ wertvolles Unterhaltungsprogramm zu machen, das soziale Botschaften beinhaltet. Der Journalismus muss nicht nur Korruption aufdecken, sondern kann auch zeigen, wie wir alle voneinander abhängen und nur *miteinander* erfolgreich sein können. Die Medien könnten Gemeinschaften und Initiativen zeigen, die solche Konzepte bereits verwirklicht haben – wie zum Beispiel in der Stadt Marinaleda in Spanien, die in der wunderbaren Geschichte „*A Job and No Mortgage for All in a Spanish Town.*"[53] in der *New York Times* vorgestellt wurde.

Die Medien würden dann darüber diskutieren, in welchem Ausmaß solche Vorstöße erfolgreich sind, wie sie unser Leben verbessern und wie solche Initiativen in den unterschiedlichen Teilen der Welt anwendbar sind.

Auf der Basis einer Änderung des öffentlichen Diskurses werden die Menschen im Weiteren auch ihre Perspektive ändern und die Medien ihre Inhalte anpassen, um den Wünschen der Öffentlichkeit gerecht zu werden. Doch die Veränderung muss mit einem bewussten Schritt beginnen, da der derzeitige Trend der Medien auf antisoziales Verhalten abzielt.

Soziale Veränderung muss nicht von oben ausgehen und auch nicht über profilierte TV-Sendungen zur Hauptsendezeit in den populärsten Kanälen. Es reichen einige Enthusiasten an der Basis aus, welche gemeinsam eine soziale Bewegung über das Internet initiieren. Genauso begann die OWS-Bewegung.

Soziale Medien wie Facebook und YouTube erlauben jedem Menschen mit ein bisschen Talent, jegliche Idee, ob gut oder schlecht, zu verbreiten und genug Lärm zu machen, um eine kritische Masse für soziale Ideen zu mobilisieren. Wie wir sehen werden, bedarf es nur einer kleinen entschlossenen Minderheit, einen schnellen und entscheidenden Veränderungsprozess in Gang zu setzen.

Neben den Medien gibt es auch noch die mündliche Verbreitung. Ideen verbreiten sich am besten, wenn man einfach drüber spricht – zu Hause, bei der Arbeit, mit Prominenten, in

Online-Foren oder in sozialen Netzwerken. Den Menschen einfach das zu erzählen, von dem man glaubt, dass es richtig ist, wird sie zum Denken veranlassen.

„Nichts macht ein Produkt interessanter, als wenn Menschen ständig darüber sprechen müssen. Nichts ist besser als Kunden, die selbst dafür eintreten, ein Geschäft in Gang zu halten, das sie lieben", schreibt der Marketingberater Andy Sernovitz, in seinem Buch *Word of Mouth Marketing: How Smart Companies Get People Talking, Revised Edition.*[54]

Doch es gibt noch eine weitere, verborgene Möglichkeit, Ideen zu verbreiten. Menschen, die einfach über Dinge nachdenken oder sie anstreben. Am 10. September 2009 veröffentlichte die *New York Times* den Artikel *Are Your Friends Making You Fat?*[55] von Clive Thompson. In der Framingham-Herz-Studie aus Massachusetts wurden bestimmte Lebensumstände von 15.000 Menschen über einen Zeitraum von 50 Jahren dokumentiert und untersucht. Mit Hilfe der gesammelten Daten konnten die Wissenschaftler Dr. Nicholas Christakis und James Fowler eine Matrix der zwischenmenschlichen Verbindungen erstellen und aufzeigen, wie sich die Menschen über all die Jahre gegenseitig beeinflusst hatten.

In ihrem hoch gelobten Buch *Connected The Surprising Power of Our Social Networks and How They Shape Our Lives – How Your Friends' Friends' Friends Affect Everything You Feel, Think, and Do* beschrieben Christakis und Fowler das Netzwerk aus Verbindungen von mehr als 5000 Probanden. Sie zeigten auf, dass die Menschen sich nicht nur in sozialer, sondern auch in physischer Hinsicht beeinflussten.

„Durch die Analyse der Framingham-Daten fanden Christakis und Fowler zum ersten Mal eine solide Basis für eine bahnbrechende epidemiologische Theorie: Dass gutes Verhalten – wie mit dem Rauchen aufzuhören, schlank zu bleiben oder glücklich zu sein – sich wie ein ansteckendes Virus von Freund zu Freund ausbreitet. Die Framingham-Probanden beeinflussten durch ihre sozialen Beziehungen ihre Gesundheit. Natürlich gilt das auch für weniger positive Verhaltensweisen. Menschen „infizierten" sich auch mit Fettsucht, schlechter Laune und schlechten Gewohnheiten wie Rauchen. Gesund zu bleiben ist also nicht nur Sache der Gene oder Diät, sondern es ist auch ein Produkt der Nähe zu anderen gesunden Menschen."[56]

Die Wissenschaftler erstaunte noch mehr, dass diese „ansteckenden" Verhaltensweisen sich auch verbreiten konnten, *ohne dass sich die Menschen persönlich kannten.* Christakis und Fowler fanden Beweise, dass sich Verhaltensweisen nicht nur aus zweiter Hand, sondern sogar aus dritter Hand (also über den Freund eines Freundes) verbreiten konnten. Thompson schreibt: „Wenn ein Proband der Framingham-Herz-Studie übergewichtig wurde, dann waren seine Freunde zu 57 Prozent auch übergewichtig oder hatten das Potential dazu. Erstaunlicherweise konnte dieser Zusammenhang auch ohne Vorhandensein eines persönlichen Kontakts festgestellt werden. Ein Proband der Studie hatte eine 20-prozentige Wahrscheinlichkeit, übergewichtig zu werden, wenn der Freund eines Freundes übergewichtig war, auch wenn der gemeinsame Freund kein Kilo zugenommen hatte. Und war der Freund eines Freundes eines Freundes übergewichtig, dann bestand immerhin noch eine 10-prozentige Wahrscheinlichkeit, übergewichtig zu werden.[57]

Thompson zitiert Christakis weiter: „Auf bestimmte Art und Weise können wir wohl menschliche Gefühle wie zum Beispiel Glück ähnlich begreifen, wie wir vielleicht den Lauf einer Büffelherde betrachten würden: Nicht der einzelne Büffel wird gefragt: ‚Warum läufst du nach links?' Die Antwort [auf die nicht gestellte Frage] ist, weil die ganze Herde nach links läuft."[58]

Doch der Einfluss geht weit über Gewicht oder Herzkrankheiten hinaus. In einem Fernsehauftritt erklärte Christakis, dass unser Sozialleben (und damit auch ein großer Teil unseres physischen Lebens) von der Qualität und der Kraft unserer sozialen Vernetzungen bzw. deren Besonderheiten abhängt. Christakis: „Wir bilden soziale Netzwerke, weil die Vorteile eines Lebens in einem Netzwerk die Kosten überwiegen. Wenn ich immer gewalttätig oder böse zu Ihnen wäre und Sie ständig traurig machen würde, würden Sie die Verbindung zu mir beenden, und das Netzwerk würde zerfallen. Daher werden die guten und wertvollen Dinge unbedingt gebraucht, um ein soziales Netzwerk aufrechtzuerhalten. Umgekehrt sind soziale Netzwerke notwendig, um die guten Dinge wie Liebe, Freundlichkeit, Glück, Altruismus und Ideen zu verbreiten. ... Ich bin der Meinung, dass soziale Netzwerke fundamental mit Tugenden und Gutherzigkeit in Beziehung stehen. Und ich denke, dass die Welt einfach mehr Verbindung braucht.“[59]

Information, Achtung und Heilung

Neben dem Streben, die gegenseitige Fürsorge zu verbreiten und ihre „Popularität“ zu heben, müssen wir auch über mögliche Handlungsweisen nachdenken, mit denen wir dies verschärfen können. Eine dieser Möglichkeiten besteht darin, einschlägige Experten gemeinsam mit anderen an einen Tisch bzw. unter einen Hut zu bringen, damit diese Ideen auch durch das Bildungssystem, die Medien und die Unterhaltungsbranche verfügbar gemacht werden.

Wie diese Ideen zum Ausdruck gebracht werden könnten, bleibt den Profis überlassen – den Musikern, Medien- und Filmemachern. Jeder Mensch konsumiert unterschiedliche Arten von Unterhaltung und Information. Jeder weiß, was er gerne sieht, hört und liest oder welche Orte er bevorzugt. Manche Menschen schauen gerne zu Hause fern, manche im

Fitnessstudio und andere in einer Bar. Manche konsumieren Informationen und Unterhaltung eher über das Internet. All das - also die Infrastruktur - kann gleich bleiben, doch der Inhalt muss sich langsam ändern.

Momentan präsentieren nahezu alle Medien eine Menge an Informationen und Aufforderungen zum Konsum, die wir meistens nur im Unterbewusstsein wahrnehmen. Wir blättern in Zeitschriften oder sehen fern, ohne viel darüber nachzudenken. Innerhalb der Medien jedoch gibt es Werbefachleute, die geschickt ihre Ideen in unseren Verstand einpflanzen - und suggerieren uns, dass zum Beispiel eine Marke besser sei als die andere oder dass wir ohne das neueste Produkt auf dem Markt nicht mehr „dazu"gehörten. Und obwohl diese Ideen irrational sind, dringen sie in unseren Geist ein und verwirren unsere Gedanken, bis wir uns Erleichterung verschaffen, indem wir die angebotenen Waren kaufen. Was würde passieren, wenn in unserem Verstand die Idee Fuß fasste, dass wir alle miteinander verbunden sind und dass es sehr schmerzvoll für uns selbst wäre, wenn wir andere verletzten? Was wäre, wenn die Welt dem Motto folgte: „Wenn du nicht gut bist, geht es dir nicht gut"?

Doch nicht nur die Medien benötigen Veränderung. Wenn die Schulen „Unterricht in Verbindung" förderten, wenn man „Verbindung in der Praxis" an der Universität als Hauptfach studieren könnte oder Trainings in „prosozialen Netzwerken" Einzelpersonen oder Firmenmitgliedern vermitteln könnte, würde eine völlig neue soziale Atmosphäre entstehen - eine neue Begeisterung für Empathie und Verbindung. Innerhalb einiger Monate würden die Menschen spüren, dass es eine Alternative zur Selbstsucht gibt - eine Alternative, welche für einen geringen Aufwand einen deutlichen Mehrwert anbietet.

Alles würde sich ändern. Anstatt den anderen herumzuschubsen, würde man den Austausch von Ideen befürworten, um sich mit Mitarbeitern oder Mitschülern zu verbinden.

Persönlichkeitstests an Schulen oder Universitäten würden verschwinden, denn das Talent eines Menschen würde nicht davon abhängen, wie gut sich jemand Antworten merken kann. Stattdessen wäre der Wert eines Menschen eine Reflexion des Ausmaßes, in dem er mit anderen verbunden ist, bzw. davon, wie geschickt er Informationskanäle entwickelt hat. In einer solchen Schule wären Persönlichkeits- oder Leistungstests irrelevant. Der Erfolg einer Gruppe wäre ein besseres Messinstrument.

Zusätzlich zu den Veränderungen bei der Arbeit oder in der Schule wird sich auch unser Sozialleben ändern. Sobald Verbundenheit der Schlüssel zu Erfolg und Glück ist, wird es jedem ein Anliegen sein, seine eigenen Verbindungen und Beziehungen zu kultivieren. Verbindungen würden nicht nur im Arbeitsleben entstehen, sondern zu einem großen Teil in der Freizeit. Als Ergebnis davon würden Menschen bei vielen Aktivitäten wie Spielen, Ausflügen und geselligem Zusammensein mitmachen, und zwar nicht nur wegen des Erholungseffekts, sondern diese Aktivitäten würden als Anteil des eigenen Lebens angesehen werden.

Auch bei der Arbeit wäre die Atmosphäre förderlich für Kontakte, da soziale Kompetenz ein Mittel für persönliches und berufliches Vorankommen wäre. Die Anerkennung der gegenseitigen Abhängigkeit und die Wichtigkeit positiver sozialer Verbindungen würden das Auftreten unfairer oder ungerechter Verhaltensweisen bei der Arbeit verringern, wie Christakis im oben erwähnten Artikel schrieb. „Wenn ich immer gewalttätig oder böse zu Ihnen wäre und Sie ständig traurig machen würde, würden Sie die Verbindung zu mir beenden und das Netzwerk würde zerfallen. Das wäre kontraproduktiv für meine persönliche oder berufliche Entwicklung."

Das fundamentale Konzept ist simpel: Wir alle sind verbunden und daher voneinander abhängig. Daher müssen wir unsere

Probleme im Geist der gegenseitigen Fürsorge lösen, wodurch jeder zum Garanten für das Wohlergehen des anderen wird.

Wenn sich beispielsweise eine Firma dazu entschließt, ihr Geschäftsgebaren zu verbessern und es an die globalisierte Welt anzupassen, könnte sie einen speziell in gegenseitiger Fürsorge ausgebildeten Coach anstellen, um die Mitarbeiter dafür zu schulen, wie „eine gemeinsame Firma" in einer verbundenen Welt zu arbeiten und zu denken. Verbesserte zwischenmenschliche Beziehungen, ein optimierter Informationsfluss, größeres Vertrauen auf allen Stufen sowie eine genauere Prüfung im Design der Art, in der Waren hergestellt werden, wären die Folge und würden so zu besseren Produkten und Kundenbeziehungen führen.

Beschäftigung und Training

„Die Wissenschaft wird niemals eine bessere Kommunikationsmöglichkeit für Büros finden als die Kaffeepause."

Earl Wilson

Die Notwendigkeit, neue Verbindungen in der menschlichen Gesellschaft aufzubauen, wird uns dabei helfen, mit dem Problem der globalen Arbeitslosigkeit zurechtzukommen. Die führenden Köpfe der Organisation für wirtschaftliche Zusammenarbeit und Entwicklung (OECD) und die Internationale Arbeitsorganisation (ILO) sagen, dass „... sich die allgemeine Zahl der Beschäftigungslosen bereits bei 200 Millionen weltweit befindet. Dies gleicht annähernd der Zahl aus der großen Rezession"[60]. Selbst für die G20-Staaten zeigen Analysen, dass die Beschäftigungslosigkeit bis Ende 2012 auf 40 Millionen steigen und sich bis 2015 noch ausweiten wird."

Der *Huffington Post* zufolge „stieg die Arbeitslosenrate in Spanien auf ein neues Eurozonen-Hoch von 21,3 Prozent im 1. Quartal des Jahres 2011 - mit einem Rekord von 4,9 Millionen Arbeitslosen,“[61] und das US-Büro für Arbeitsstatistiken berichtete, dass die derzeitige Arbeitslosenrate in den USA bei 8,6 Prozent liegt, mit insgesamt 13,3 Millionen Beschäftigungslosen.[62]

Doch viel alarmierender und sozial gefährlicher ist die Arbeitslosenquote der Jugendlichen in der Eurozone - besonders in Spanien und Griechenland, aber auch in den Vereinigten Staaten. Am 22. Dezember 2011 berichtet Felix Salmon für Reuters, dass „in Spanien und Griechenland die Jugendarbeitslosigkeit nahezu unglaubliche 50 Prozent erreichte, doch auch in Irland ... ist sie von 10 Prozent auf über 30 Prozent gestiegen.“[63]

Bezogen auf die vereinigten Staaten heißt es in dem Artikel weiter: „Das Bemerkenswerte hier ist nicht nur das absolute Niveau - dass die Jugendarbeitslosigkeit derzeit 18,1 Prozent beträgt und für Afroamerikaner 31 Prozent - sondern ebenso der steile Anstieg (von 10 Prozent im Jahr 2007 auf über 18 Prozent im Jahr 2010).

Ohne es explizit zu sagen, bringt der Bericht einen düsteren Vergleich: „Die Vereinigten Staaten befinden sich genau auf demselben Niveau des Nahen Ostens, das letztendlich den Arabischen Frühling hervorrief. Wir liegen niedriger als Ägypten und Tunesien, jedoch höher als Marokko und Syrien.“

Junge, gebildete Menschen spüren, dass sie ihre besten Jahre und ihre besten Ressourcen (oder die Ressourcen der Eltern) verschwendet haben, um sich für eine Welt zu qualifizieren, die es nicht länger gibt. Dies ist nicht nur ein Bauchgefühl. In seinem Buch *Schöne neue Arbeitswelt* erklärt Ulrich Beck, einer der führenden Soziologen Europas, dass die Arbeitsgesellschaft am Ende ist, da immer mehr und mehr Menschen durch findige

Technologien ersetzt werden. Unseren Kollegen vom Ende des 21. Jahrhunderts werden die heutigen Kämpfe um Jobs wie der Streit um Liegestühle auf der Titanic erscheinen. Der „Job fürs Leben" ist verschwunden ... und über jeglicher bezahlter Arbeit schwebt das Damokles-Schwert der ersatzlosen Streichung."[64]

Ob wir es nun wollen oder nicht: Die Krise wird überflüssige Geschäftszweige dezimieren und uns schmerzlich erkennen lassen, dass der größte Teil der Weltbevölkerung am Arbeitsmarkt überhaupt nicht gebraucht wird. Doch wenn die Menschen jetzt nicht arbeiten und auch nicht in der Zukunft, was sollen sie dann tun? Wie werden sie leben? Und wenn für sie von seiten der Regierung oder anderer Einrichtungen gesorgt wird, so werden sie doch geistig und emotional unter ihrer Lage leiden. Dies könnte zu einer bedrohlichen Situation für jegliche Gesellschaft führen – zu einer konstanten Quelle von Unruhe, Unordnung und Verbrechen.

Die Lösung für diesen Stillstand könnte darin liegen, die Menschen zurück auf die Schulbänke zu schicken. Nicht auf Hochschulen, Colleges oder in die Erwachsenenbildung, wie wir sie jetzt kennen. Es würde eher einer „Globalisierungsschule" für die Bürger einer verbundenen Welt gleichkommen. An dieser Schule zu studieren würde kein Geld kosten. Im Gegenteil würden Schulen dieser Art ihren Schülern Stipendien gewähren, genauso wie Studenten von Universitäten Darlehen und Stipendien gewährt würden. Der Staat würde diese Darlehen mit dem Geld finanzieren, das er sich durch die Einschnitte im öffentlichen Dienst erspart, da Arbeitslosigkeit die Staatskasse weniger belastet als verdeckte Arbeitslosigkeit.

Auch würde das wachsende Bewusstsein für unsere Zusammengehörigkeit eine Atmosphäre schaffen, in der die Reicheren ihren Besitz mit den Ärmeren gerne teilen. Eine Anpassung des Steuersystems wäre ebenso wahrscheinlich, auch wenn es nur auf die Art der Steuereinhebung abzielt, dem man in der Folge sich nicht durch Tricks entziehen kann. Alle diese Veränderungen müssten allerdings *freiwillig* erfolgen und sind möglich, sobald eine große Mehrheit der Gesellschaft unsere Verflechtungen und Abhängigkeit erkennt und entsprechend diesen Parametern leben *will*.

Der sich ergebende Gemeinsinn kann sich auch anders als in finanziellen Veränderungen ausdrücken, wie zum Beispiel in günstigeren Wohnungen, einer geringeren Gewinnspanne bei Produkten oder Dienstleistungen und durch viele andere Medien, durch welche man seine Unterstützung der Gesellschaft zeigen und realisieren kann.

Die Finanzierung des Besuchs einer Globalisierungsschule wird als Ausbildungsförderung angesehen und nicht als Arbeitslosengeld. Denn Arbeitslosengeld ist mit negativen Assoziationen behaftet, wohingegen Darlehen neutral sind. Und es ist sehr wichtig, dass Studenten dieser neuen Schule sich sicher fühlen und stolz darauf sind, dort zu sein. Das wird sie auch für den Stoff empfänglicher machen, der dort vermittelt wird.

In einer Globalisierungsschule werden die Menschen lernen, wie sie sich in einer vernetzten Welt zurechtfinden, in welcher alle in puncto Lebenserhaltung voneinander abhängig sind. Sie werden über die Notwendigkeit lernen, die menschliche Gesellschaft an diese Entwicklung anzupassen, den Nutzen aus dieser Anpassung und die Schäden, wenn man sie versäumt. Die Menschen werden den Wert guter Kommunikation schätzen lernen, neue Wege zu kommunizieren finden und Fähigkeiten erlernen, wie zum Beispiel Hauswirtschaft, Verbesserung der zwischenmenschlichen Interaktion oder Kommunikation, und sich anderes wichtiges Wissen für die Zeiten des schnellen Wandels aneignen.

Weil die Menschen viel mehr Freizeit haben werden, wird auch genug Zeit bleiben, die neuen Fähigkeiten, die sie in der Schule gelernt haben, zu üben und weiterzuentwickeln. Diese

Fähigkeiten werden im Alltagsleben vielseitig nutzbar sein; sie werden dabei helfen, Jobs zu finden, Menschen kennenzulernen oder neue Wege zur Unterstützung der Gesellschaft zu eröffnen. Jegliches Talent, von der Landwirtschaft bis zur Computerprogrammierung, wird in der Zukunft genauso notwendig sein wie jetzt. Da aber das Auskommen der Menschen nicht von ihrer Fähigkeit abhängt, Produkte zu verkaufen, werden sie sich darauf konzentrieren, nur solche Dinge zu entwickeln, die wirklich gebraucht werden und hilfreich sind. Es wird wieder Produkte geben, die dauerhaft ihren Zweck erfüllen, und die Produktion sinnloser Waren mit geplantem Verschleiß, die nur dazu dienen, dass die Leute mehr Geld ausgeben, als sie haben, wird abnehmen.

Menschen werden nun auch Zeit haben, sich sozial zu engagieren. Sie werden zwar noch immer zur Schule gehen oder zur Arbeit, aber sie werden die „Mehrzeit", die ihnen bleibt, zum Kontakteknüpfen verwenden. Kontakte zu knüpfen wird nicht nur ein Ziel sein, sondern ein Mittel der Bereicherung, eine Lernhilfe und eine Entwicklung darstellen, um Einblicke in neue Wissensgebiete zu gewinnen – oder es wird einfach dazu dienen, das Selbstvertrauen zu vergrößern, indem man einfach mehr Freunde hat (wirkliche Freunde, keine Facebook-Freunde).

In der Zukunft wird das Leben tatsächlich anders aussehen als heute. Heutzutage sind die Menschen der zivilisierten Welt so gestresst und haben kaum Zeit zu atmen. Wir leben in einem konstanten Wettlauf, stecken in einem sich ständig und noch dazu schneller drehenden Hamsterrad. Doch wenn die Industrie schrumpft und wir nicht mehr so viele Stunden täglich arbeiten müssen, werden wir mehr Zeit dazu haben, unsere Interessen und sozialen Bindungen zu kultivieren. Nur damit werden wir wirkliches Wachstum und wahres Glück erfahren.

In der *New-York-Times*-Kolumne *The Earth is Full*[65] nimmt Thomas Friedman, Autor des Buches *Die Welt ist flach, eine kurze*

Geschichte des 21. Jahrhunderts, Bezug auf Paul Gildings Buch The Great Disruption: *Why the Climate Crisis Will Bring On the End of Shopping and the Birth of a New World*. Friedman zitiert Gilding: „Wenn du mehr Bäume fällst, als du pflanzen kannst, werden dir die Bäume ausgehen." Wenn die bevorstehende große Zerrüttung auf uns wirkt, schreibt Gilding, „wird die Antwort verhältnismäßig dramatisch sein, mobilisierend wie in einem Krieg. Wir werden uns ändern, und zwar in einer Größenordnung und Geschwindigkeit, die wir uns heute kaum vorstellen können. Die gesamte Wirtschaft wird sich verändern, eingeschlossen unsere Energie- und Transportindustrie, und das in einigen wenigen Jahrzehnten."

Friedman erklärt, dass laut Gilding viele Menschen realisieren werden, dass das konsumorientierte Wachstumsmodell gescheitert ist und wir uns einem glücksorientierten Wachstumsmodell zuwenden werden, in dem die Menschen weniger arbeiten und weniger besitzen. „Wie viele Menschen", fragt Gilding, sagen sich auf dem Sterbebett: „Ich wünschte, ich hätte mehr gearbeitet oder mehr Gewinn gemacht?" Und wie viele gestehen sich ein: „Ich wünschte, ich hätte mehr Zeit für Familie und Freunde aufgewendet, wäre lieber öfter spazieren gegangen und hätte meinen Kindern öfters Bücher vorgelesen?" Doch dazu braucht man ein Wachstumsmodell, das den Menschen mehr Zeit gibt, das Leben zu genießen, anstatt es mit nutzlosen Dingen zu vergeuden.

Die Prinzipien der Erziehung

„Um die Welt zu verbessern, muss man die Bildung verbessern."[66]

Janusz Korczak, Erzieher

Bisher haben wir über die erwachsene Gesellschaft im Allgemeinen gesprochen und über die Erwachsenenbildung im Besonderen. Langfristig wird aber unsere Zukunft auch davon abhängen, wie wir unsere Kinder erziehen. Da erscheint es sinnvoll, einige fundamentale Besonderheiten der Kinderbildung für die neue Welt vorzustellen.

Als Erstes widmen wir uns der Schule. Der Zweck der Schule in der neuen Welt wird nicht mehr darin bestehen, den Kindern Wissen einzuimpfen, damit sie Tests und Prüfungen bestehen können. Vielmehr wird die Schule die Kinder zu *Menschen* machen oder, besser gesagt, menschlich. Kinder sollten alles über die Welt lernen, in der sie leben und erwachsen werden. Man muss ihnen jene Mittel geben, die sie zu verbundenen und kommunikativen Menschen heranwachsen lassen. Sie sollen in der Lage sein, echte und anhaltende Beziehungen der gegenseitigen Fürsorge zu haben und damit ihr Glück zu finden.

Dies wird erreicht, indem man sowohl in der Schule als auch zu Hause eine geeignete soziale Umgebung schafft. Anstatt die Kinder zu lehren, wie man der Beste werden kann, lehrt man sie, eine Gesellschaft zu erbauen, in welcher eine Atmosphäre der Freundschaft und Gleichwertigkeit herrscht und alle Kinder sich miteinander verbunden fühlen. Man sitzt in Klassenzimmern zum Beispiel nicht mehr in Reihen oder am eigenen Schreibtisch sondern im Kreis. Mithilfe von Spielen zeigt man den Kindern, wie viel Kraft und Zugehörigkeitsgefühl diese Form des Studiums/Lehrens bietet.

Das Konzept des sozialen Lernens ist längst nicht mehr nur theoretisch. Es wurde in zahlreichen Versuchen mit wiederholtem Erfolg eingesetzt. Man könnte sich sogar fragen, wie man sich dieser offensichtlichen Vorteile so lange Zeit nicht bewusst sein kann. Unzählige Experimente bestätigen bereits die Vorzüge der Zusammenarbeit im Bildungssystem.

Im Artikel *An Educational Psychology Success Story: Social Interdependence Theory and Cooperative Learning* liefern die Professoren David W. Johnson und Roger T. Johnson der *University of Minnesota* ein überzeugendes Argument für die *Theorie der sozialen Interdependenz*: „Mehr als 1.200 wissenschaftliche Studien wurden in den letzten Jahrzehnten sowohl über kooperatives als auch über konkurrenzbetontes und individualistisches Lernen durchgeführt. Die Ergebnisse daraus haben die Theorie evaluiert, modifiziert, verfeinert und ausgeweitet.“[67]

Nachdem sie die Bedeutung der Interdependenz klargemacht haben, vergleichen Johnson und Johnson die Effizienz des kooperativen Lernens mit der des üblichen, individuell-wettbewerbsbezogenen Lernens. Die Ergebnisse sind eindeutig. In Bezug auf individuelle Verlässlichkeit und persönliche Verantwortung kommen sie zu folgendem Schluss: „Die positive Interdependenz, die Gruppenmitglieder miteinander verbindet, resultiert in einem Verantwortungsgefühl, a) den eigenen Anteil an der Arbeit zu vollenden und b) anderen Gruppenmitgliedern die Arbeit zu erleichtern. Wenn die Leistung einer Person die Ergebnisse der Gruppe maßgeblich beeinflusst, fühlt sich diese Person für das Wohlergehen der Gruppe genauso verantwortlich wie für ihr eigenes. Selbst zu scheitern ist schlecht, aber andere in den Misserfolg hineinzuziehen ist noch schlechter.“

Anders gesagt macht positive Interdependenz aus Individualisten fürsorgliche Teamspieler – das genaue Gegenteil des derzeitigen egozentrisch-narzisstischen Trends.

Um den Nutzen der Zusammenarbeit aufzuzeigen, untersuchten die Forscher die Ergebnisse kooperativ bzw. konkurrierend vorgehender Schüler. „Der kooperative Schüler schnitt im

Durchschnitt um zwei Drittel besser ab als der konkurrenzbetont individualistisch arbeitende Schüler."[69]

Um eine derartige Abweichung vom Durchschnitt verstehen zu können, stellen Sie sich bitte Folgendes vor: Ein Kind erreicht beispielsweise in seinen Leistungen meistens nur ein *Genügend*; wenn es im kooperativen Lernen gefördert wird, erreicht es erstaunlicherweise ein *Sehr gut*. „Kooperation führt, verglichen mit konkurrierendem Lernen, zu besserem Verarbeiten des Gelernten, zu höherer Motivation, mehr Erfolgserwartung und zu mehr kreativem Denken ... und einer besseren Einstellung gegenüber der Schule bzw. gegenüber jeglichen Anforderungen."[70]

Beim kooperativen Lernen besteht die Rolle des Lehrers darin, die Kinder anzuleiten und ihnen nicht nur Wissen beizubringen. Die Kinder sehen ihre Lehrer als erwachsenen Freund, quasi als sachkundigen Mitschüler. Kinder und Lehrer sitzen gemeinsam in einem Kreis, auf Augenhöhe, und aus dieser Position sprechen sie auch miteinander. Hier werden Autorität und Kontrolle durch subtile Führung ersetzt, was den Kindern dabei hilft, die Welt selbst für sich zu entdecken – durch Überlegung oder gemeinsame Anstrengung.

Kinder lernen dabei nachzudenken, ihre Meinungen auszutauschen und zu argumentieren, wobei sie einander anerkennen und gegenseitig ihre persönlichen Verdienste und Einmaligkeit respektieren. Das erlaubt allen, ihre Gedanken frei zu äußern und besondere Eigenschaften zu entfalten. Auf diese Weise vergrößern Kinder ihre Perspektive auf die Welt und können problemlos neue Ideen und andere Gesichtspunkte annehmen.

Dadurch beginnen Kinder, ihre Verbindung untereinander als besonders wichtiges Hilfsmittel zu schätzen, da diese ihnen Wissen und Kraft vermittelt. Sie genießen es, gemeinsam erfolgreich zu sein, und niemand wird nur an seinen individuellen Vorzügen gemessen, sondern an den Eigenschaften, mit denen er zum Erfolg der Gruppe beiträgt.

Die Studiengruppen werden relativ klein sein, und jeder Gruppe wohnt ein etwa zwei bis drei Jahre älteres Kind bei. Diese älteren Kinder dienen als Lehrer, weil jedes Kind eine natürliche Neigung dazu hat, ältere Kinder zu imitieren. Die älteren Kinder haben in diesem Setting ebenfalls viel zu gewinnen: ein tieferes Verständnis des Materials, einen besseren Zugang zu sich selbst und eine Möglichkeit, zur Gesellschaft beizutragen und ihre Anerkennung zu erhalten.

Auch „Disziplinierungsmaßnahmen" werden anders aussehen als heute. Bei Fehlverhalten werden die Kinder selbst – gemeinsam mit den Erwachsenen und Profis – entscheiden, wie man mit der Situation umgeht. Die Kinder müssen dazu lernen, konstruktive Kritik anzunehmen und konstruktiv zu kritisieren. Durch die Analyse von kleineren Krisen erhalten sie gute Möglichkeiten, konstruktives, kritisches Denken zu üben. Wenn sich ein Kind schlecht benimmt, versammelt sich die Klasse und spricht gemeinsam darüber, was dazu geführt hat, was zu tun ist und wie man dies in Zukunft vermeiden kann.

Diese Diskussion ist kein theoretischer Prozess. Vielmehr simulieren Kinder (nicht jene, über die gesprochen wird) die Situation und berichten der Klasse, wie sie sich dabei gefühlt haben, was sie dazu veranlasst hat, so zu handeln usw. Dann wird es eine Gruppendiskussion geben, an der alle Kinder teilnehmen können, sodass, sobald eine Entscheidung erlangt wird, letztendlich alle Kinder die Erfahrung jeder Partei dieses Streitthemas gemacht haben. So werden Entscheidungen auf mehr mitfühlende bzw. verständnisvolle Weise getroffen.

Diese Mediationsgespräche lehren Kinder, Situationen aus unterschiedlichen Blickwinkeln zu betrachten. Durch das wiederholte Üben und Simulieren bzw. Analysieren der verschiedenen Standpunkte lernen Kinder, dass sie ihre Meinung ändern, Dinge bereuen, Fehler gestehen und die Ansichten der Freunde verstehen können – genauso wie die eigenen.

Mindestens einmal pro Woche werden die Kinder Ausflüge machen, um die Welt, in der sie leben, besser kennenzulernen und zu verstehen. Das können Orte sein, die sie normalerweise nicht besuchen und die auch nicht auf dem üblichen Lehrplan stehen, wie zum Beispiel Banken, Polizeireviere, Museen, Fabriken und Gerichtshöfe.

All diesen Ausflügen gehen Erklärungen voran, die sich mit dem zu besuchenden Ort beschäftigen, was dort zu erwarten ist, was man bereits darüber weiß, welche Rolle dieser Ort spielt und welchen Einfluss er auf die Gesellschaft hat. Die Kinder begreifen dabei, welche Art von Menschen dort arbeiten und welche Ausbildung oder Schulbildung man braucht, um dort zu arbeiten. Nach dem Ausflug werden die Kinder das Erlebte austauschen, Unterricht über den Ausflug abhalten und einander auf diese Weise mit ihren Erfahrungen bereichern.

Dadurch lernen sie die Welt auf persönlichere Weise kennen als sie das zum Beispiel durch das Fernsehen tun, durch welches sie nur die Perspektive eines anderen (Redakteur, Filmemacher ...) übernehmen. Diese Bereiche direkt kennenzulernen und die Elemente zu verstehen, welche das Leben beeinflussen, gibt den Kindern ein Gefühl für das Netzwerk, das die menschliche Gesellschaft verbindet.

Durch eigene Erfahrungen lernen Kinder, dass die Welt integral und verbunden ist. Man zeigt ihnen verschiedene gesellschaftlich relevante Einrichtungen, deren Funktion für unser Leben und deren Verbindung zu anderen Orten, die wiederum unser Leben beeinflussen. Diese Information ist lebensnotwendig für das Vertrauen eines Kindes und für seine Vorbereitung auf das Leben nach der Schule.

Eine andere wichtige Lernhilfe ist die Videokamera. Sie wird für alle schulischen Aktivitäten empfohlen, welche nicht Unterricht im eigentlichen Sinne sind, sondern Diskussionen oder Gruppenarbeiten. Die Kinder gewöhnen sich rasch an die

Präsenz der Kamera und verhalten sich ganz natürlich. Das erlaubt ihnen außerdem, sich selbst von der Seite zu betrachten, indem sie Ereignisse, die besondere Aufmerksamkeit erfordern, wiederholt anschauen. Ein Video zu einer Situation zu betrachten ermöglicht eine klare Analyse darüber, wie die Kinder als Gruppe zusammengearbeitet haben, wie sie mit unterschiedlichen Meinungen umgegangen sind und wie sie sich aufeinander bezogen haben. Entsprechend dazu lernen sie, sich selbst und auch ihre Beziehungen zu anderen zu beurteilen. Sie können erkennen, wobei sie erfolgreich waren und wobei sie sich verbessern sollten.[71]

GEMEINSAM VERÄNDERN

„Wir sind keinesfalls Fremde, und uns verbindet ein gemeinsames Schicksal. Und diese turbulenten Zeiten müssen uns sogar noch fester aneinanderbinden."

Christine Lagarde, Direktorin des Internationalen Währungsfonds (IWF)[72]

Alle Veränderungen, die wir bei Erwachsenen und Kindern beschrieben haben, werden eine neue Atmosphäre in unserem Zusammensein erschaffen. Diese Veränderungen werden jeden Teil unseres Lebens betreffen: Arbeit, Familie, Freunde, Schule, Rechtssystem, Medien, zwischenmenschliche und internationale Beziehungen, Handelsbeziehungen usw.

Interessanterweise benötigen wir nicht die ganze Gesellschaft, um diese Veränderungen in Gang zu setzen, sondern eine relativ kleine Anzahl von Menschen. Wissenschaftler am berühmten *Rensselaer Polytechnic Institute* (RPI) fanden heraus, dass 10 Prozent einer Population mit einer bestimmten Überzeugung oder einem bestimmten Glauben ausreichen, damit der Rest der Gesellschaft diese Überzeugung annimmt. Die mathematischen Modelle zeigen, dass es einen plötzlichen Sprung in der Akzeptanz gibt: Unterhalb von 10 Prozent ist der Effekt kaum zu erkennen, aber sobald die 10-Prozent-Marke überschritten wird, verbreitet sich diese Meinung wie ein Lauffeuer.[73]

Wenn man bedenkt, dass das Internet im Allgemeinen und soziale Netzwerke im Besonderen diese schnelle Verbreitung von Ideen ermöglichen, reicht es, dass wir über die Notwendigkeit der Verbindung jenseits aller Differenzen zu sprechen beginnen - und das in Hinblick auf die Zukunft und mit möglichst vielen Menschen, die man für diese Gedanken gewinnen kann. Die Wissenschaftler dieses Institutes nannten Tunesien und Ägypten als Beispiele für solchen Prozess: „In diesen Ländern wurden Diktatoren, welche jahrzehntelang am Ruder waren, innerhalb weniger Wochen entmachtet."

Wenn man darüber nachdenkt gibt es wahrscheinlich mehr als 10 Prozent, die eine sicherere, freundlichere Welt wollen, und damit stehen die Chancen, 10 Prozent der Bevölkerung zu erreichen, die den Wandel einleiten könnten, relativ hoch.

Kampagnen für unser Leben

Gegenseitige Fürsorge ist wie eine Sphäre, die durch das Verschmelzen von Gegenteilen entsteht. Natürlich sind wir in vielen Dingen völlig verschieden - in unseren Gedanken, unseren Gewohnheiten, unserem Charakter und unserem Aussehen. Doch zur gleichen Zeit verstehen wir, dass die Realität unsere Verbindung und Zusammenarbeit erfordert. Eine Gemeinschaft, welche die Botschaft verbreitet, dass die gegenseitige Fürsorge das fundamentale Gesetz des Lebens ist, wird uns ermöglichen, dass wir dieses Konzept nicht nur intellektuell begreifen sondern es auch in unseren Alltag implementieren. Genauso wie gute Werbung einen Run um ein neues Produkt oder eine Dienstleistung erzeugen kann, sodass wir sie unbedingt haben wollen, kann ein Hype um das Konzept der gegenseitigen Fürsorge bewirken, dass wir unbedingt wissen wollen, wie es sich anfühlt, so zu leben.

Ein systematischer und konsistenter Aufbau einer Gesellschaft mit globalem Denken wird uns allen dabei helfen, eine feinere Wahrnehmung der Welt zu entwickeln. Anstelle von „ich" und „sie" werden wir die Wirklichkeit als „wir" oder „wir alle" wahrnehmen. Persönliche Belohnung wird zu einer Belohnung für alle werden. Unser Standpunkt wird sich von individuell zu kollektiv verwandeln, und wir werden neue Perspektiven entwickeln.

„Vielfalt ist nur scheinbar. In Wahrheit gibt es nur einen einzigen Verstand."

Erwin Schrödinger, Physiker, Mitbegründer der Quantenmechanik[74]

Kapitel 4: Soziale Gerechtigkeit

„Der Westen steht der Herausforderung gegenüber, dass er nicht nur Wachstum generieren soll, sondern dieses Wachstum soll nebenbei auch eine größere soziale Gerechtigkeit mit sich bringen.“

Mohamed A. El-Erian, CEO von PIMCO und Autor von When Markets Collide[75]

Die globalen Unruhen des Jahres 2011 waren eine ernsthafte Herausforderung. Einerseits ist die Forderung nach einem annehmbaren Lebensstandard für alle durchaus verständlich, andererseits können Regierungen ihre Budgetziele nicht einfach über den Haufen werfen, wenn sie eine funktionierende Wirtschaft aufrechterhalten wollen. In einer Zeit, da die ganze Welt sich in einer tiefe Wirtschaftskrise befindet, deren Ende nicht absehbar ist und viele Länder am Abgrund der Insolvenz stehen, wäre es unverantwortlich, Budgets zu erhöhen. Und dennoch verlangen die Menschen nach sozialer Gerechtigkeit. Was also können Regierungen diesbezüglich unternehmen?

Zunächst sollten wir uns an ein Zitat Einsteins erinnern: „Probleme kann man niemals mit derselben Denkweise lösen, durch die sie entstanden sind.“

Boaz Schwartz, CEO der *Deutsche Bank* Delegation in Israel, sagte auf einer von der israelischen Finanzzeitung *Globes* einberufenen Konferenz: „Wir dürfen die enormen Emotionen nicht unterschätzen. Diese Emotionen werden in den kommenden Jahren noch massive Nachwirkungen haben. Wir müssen uns auf eine Welt mit sozialen Konzepten, gerechter Verteilung und unterschiedlicher Preisgestaltung vorbereiten ... Länder, die sich hier nicht entsprechend anpassen, werden es schwer haben. Ihre Wirtschaft wird leiden.“[76]

Wir dürfen auch nicht vergessen, dass die Wirtschaft ein Spiegelbild unserer Beziehungen untereinander darstellt, die sich in finanziellen Beziehungen ausdrücken. Die Ressourcenverteilung in der Gesellschaft und sozioökonomische Ideologien in ihren Grundfesten entstammen den Werten der Gesellschaft und den Beziehungen unter ihren Mitgliedern. Daher folgt die Wirtschaft keinem Naturgesetz oder wissenschaftlichen Ableitungen, wie Physik oder Chemie es tun.

Joseph Stieglitz, Träger des Nobelpreises für Wirtschaftswissenschaften, sagte am Beginn seiner Vorlesung in Lindau im Jahr 2011: „Der Test für jegliche Wissenschaft ist die Vorhersagbarkeit. Und wenn man so etwas Bedeutendes wie die globale Finanzkrise bzw. deren Ausmaß nicht vorhersagen kann, ist mit unserem Modell offensichtlich etwas nicht in Ordnung.“[77]

Ähnliches kam auch von Stanley Fischer, Gouverneur der Bank of Israel und ehemaliger stellvertretender Direktor des Internationalen Währungsfonds (IWF) in einem Video-Interview mit dem CNBC-Wirtschaftskorrespondenten Steve Liesman: „Wir befinden uns auf schwierigem Territorium. Damit haben unsere Lehrbücher nicht gerechnet. Die Voraussetzungen sind extrem, und Lehrbücher reichen nicht aus, um damit zurechtzukommen.“[78]

Wenn wir uns wie im vorigen Kapitel beschrieben zu einem Gesellschafts-, Kommunikations- und Bildungswandel hinbewegen, werden wir ein neues, integrales Wirtschaftskonzept schaffen können, das sich auf soziale Rücksichtnahme gründet und sich den Gesetzen der neuen Welt fügt. Der Entscheidungsprozess und die Umsetzung, die Strukturen des sozialökonomischen Systems, die Verbindung zwischen Entscheidungsträgern und jenen, die diese Entscheidungen betreffen, werden im Sinne einer gegenseitigen Fürsorge ablaufen.

Anders gesagt muss man den öffentlichen Diskurs um nachhaltigen Wohlstand damit beginnen zu erklären, warum gegenseitige Fürsorge und Bildung in der neuen Welt überhaupt gebraucht werden. Sozial- und Wirtschaftssysteme werden auf diese Notwendigkeit ausgerichtet werden. In der Zwischenzeit werden wir Diskussionen und Runde Tische einberufen, wobei alle Teilnehmer gleichrangig sind und gemeinsam Lösungen finden, um den Ärmeren einen akzeptablen Lebensstil zu garantieren.

Wir werden herausfinden, wie man durch Runde Tische zu demokratischen Lösungen gelangen kann. Doch zunächst müssen wir begreifen, dass finanzielle Hilfen nicht ausreichen werden, um unseren Wohlstand zu sichern. Die Sorge um andere fordert von uns, dass wir wirklich jedem ein würdevolles Leben ermöglichen. Die finanziellen Hilfen werden gemeinsam mit einer Ausbildung in „Haushaltsdingen" zu einem Heilungsvorgang in der Gesellschaft führen.

ÜBEREINSTIMMUNG ERLANGEN

Repräsentanten aller Fraktionen der Gesellschaft werden sich für Diskussionen an Runden Tischen zusammenfinden. Diese Repräsentanten haben eine schwere Last zu tragen, wenn sie als „Köpfe" der Familie Mensch gelten sollen. Ohne das Gefühl, dass die Menschheit einer einzigen, großen Familie gleicht, werden sie keine gerechten Entscheidungen treffen können.

Eine zweite notwendige Voraussetzung für den Erfolg solcher Diskussionen besteht in der Transparenz. Alle Beratungen werden live ausgestrahlt, einschließlich der Debatten und Streitgespräche, die zur Entscheidungsfindung beitragen. Alles soll sich direkt vor den Augen des Zuschauers und der gesamten Welt entwickeln. Es wird wie eine Art neue Reality-Show, deren Auswirkungen jeden von uns betreffen. Und wie in einer

Reality-Show werden die Zuseher zur letztgültigen Entscheidung beitragen können.

Die Menschen werden über Prioritäten beratschlagen. Dies wird ein längerer Prozess, an dem alle Anteil nehmen und zu dem alle beitragen müssen. Natürlich wird diese Übung nicht leicht, doch für den tatsächlichen gesellschaftlichen Wandel bleibt uns nichts anderes übrig. Nur wenn wir die gesamte Menschheit miteinschließen, werden wir uns als Familie fühlen können.

Studien belegen, dass eine positive Haltung zu einem Entscheidungsprozess entsteht, wenn man in ihn eingebunden ist – egal, welche Entscheidung letztendlich getroffen wird. Selbst wenn also die Gesellschaft entscheidet, dass nicht „meine" Probleme zum Positiven gelöst werden, so trägt man diese Entscheidung doch leichter mit, wenn man am entscheidenden Prozess beteiligt war.[79] Auf diese Weise wird der Eindruck, dass die Wünsche des Volkes von Entscheidungsträgern und Lobbyisten übergangen werden, durch das Gefühl der sozialen Solidarität und Vertrauen ersetzt.

Tatsächlich soll der *Modus operandi* – die Methode der Runden Tische – unsere hauptsächliche Handlung in puncto Entscheidungsfindung sein. Sie sollen Teil des gesellschaftlichen und staatlichen Know-hows werden. Im Laufe des Lebens werden wir oft Problemen gegenüberstehen, die wir abwägen, priorisieren und gewichten müssen, um letztendlich zu einer gemeinsamen Entscheidung zu finden. Ein Runder Tisch ist das perfekte Mittel, um zu lernen, wie wir wirklich eine Familie werden können.

Aber – und das ist sehr wichtig – die ganze Welt als Familie zu betrachten bedeutet nicht, dass wir unseren eigenen Standpunkt aufgeben müssen. Im Gegenteil – alle Perspektiven und Herangehensweisen verdienen es, gehört zu werden. Der Anspruch, eine Familie zu sein, bedeutet lediglich, dass wir einander zu verstehen versuchen und dass Leute mit anderen Standpunkten ebenfalls zu unserer Familie gehören. Kontroverse Standpunkte sind außerdem eine ständige Bereicherung. Durch sie gelangt man zu neuen Lösungsansätzen und Informationen, die man sonst nicht in Erwägung zöge.

Dieser Umgangsstil wird uns auch dabei helfen, unsere eigenen egoistischen Ansprüche hintanzustellen. Sobald wir unseren Blickwinkel analysieren und dann merken, dass der Vorschlag eines anderen besser dazu geeignet ist, das Problem im Sinne der Gesellschaft zu lösen, können wir diese Meinung leicht akzeptieren. Genau wie in einer Familie wird das Wohl der Gemeinschaft über das des Individuums gestellt.

Warum kann die Welt eigentlich nicht wie eine Familie sein? Ist das nicht die wahre Bedeutung von sozialer Gerechtigkeit? Gibt es noch einen anderen Weg, wie man dieses erreichen und beibehalten könnte?

Der Beginn dieses neuen Weltblicks wird nicht leicht. Schwierigkeiten und Widerstände sind zu erwarten. Doch sobald wir diesen Prozess durchschauen, lernen wir, wie wir durch eine offene Diskussion Konsens und breite Zustimmung zu einer Lösung erreichen können. Runde Tische dienen nicht nur der offenen Diskussion zwischen Gleichwertigen sondern auch als Bildungsprozess auf nationaler und internationaler Basis von beispiellosem Ausmaß.

VORTEILE DER GEGENSEITIGEN FÜRSORGE

Wie oben erklärt, fordert die neue Welt, dass wir uns mit der Idee der gegenseitigen Fürsorge und Rücksichtnahme anfreunden. Auf den ersten Blick scheint es dies naiv und im realen Leben ganz und gar nicht machbar. Doch ein zweiter

Blick lohnt – denn die praktische Umsetzung der gegenseitigen Fürsorge hat weitreichende, positive Auswirkungen auf Gesellschaft und Wirtschaft: ein positives soziales Klima, wachsender Überschuss und niedrigere Lebenshaltungskosten. Eine detailliertere Erklärung der Vorteile der gegenseitigen Fürsorge finden Sie im Anhang „Vorteile der neuen Wirtschaft".

1. **Ein positives soziales Klima:** Wenn jeder sich in die Gestaltung positiver gesellschaftlicher Werte einbringt, führt dies zu einer Atmosphäre des guten Wachstums. Ein neuer Geist wird herrschen, und die Herzen werden mit der Hoffnung auf eine neue, bessere Zukunft erfüllt. In einer Atmosphäre, in der die Gesellschaft Solidarität und gegenseitige Empathie wertschätzt, entsteht in uns von selbst das Gefühl tiefen Vertrauens. Diese Empfindung hängt nicht von persönlichem Besitz ab, sondern eher vom Bewusstsein, dass andere sich um uns kümmern. Nur in einer solchen unterstützenden Umgebung können wir uns vom Gefühl lösen, ausgenutzt zu werden oder dass andere „es auf uns abgesehen haben". Wenn Angst und Misstrauen erst verschwunden sind, werden wir wirklich wachsen und gedeihen.

2. **Wachsender Überfluss:** Wenn jeder Mensch, jedes Geschäft, jede Gemeinde und jeder Staat sich als Teil einer riesigen Familie fühlt, wird es Nahrung, Güter und Dienstleistungen im Überfluss geben. Der finanzielle Überschuss kann für die laufende Kostendeckung verwendet werden. Dies würde die Notwendigkeit von Budget- und Steuererhöhungen verringern.
Die Gemeinden werden nicht weiter um öffentliche Gelder kämpfen müssen, weil die Einstellung „Ich muss mich um mich kümmern, denn das tut sonst keiner" nicht mehr nötig sein wird, denn jeder fühlt sich für das Wohlergehen aller

anderen verantwortlich. Daher werden Gemeinden nicht länger mehr finanzielle Mittel verlangen, als sie brauchen, und Reserven anhäufen, sondern überlegen, wie sie einander unterstützen können, um die großen Ressourcen sofort verfügbar zu machen.

3. Geringere Lebenshaltungskosten: Heutzutage richtet sich die Preisgestaltung von Gütern und Dienstleistungen nach der Profitgier der Industrie. Im öffentlichen Diskurs die Wichtigkeit der gegenseitigen Fürsorge zu erheben wird diese Industrien sorgsamer im Umgang mit dem öffentlichen Interesse machen, was in weiterer Folge zu allgemeinen Preissenkungen führen wird. Wenn man jenen, die sich am besten auf Kosten anderer bereichern können, die öffentliche Wertschätzung vorenthält und jene anerkennt, die sich am meisten für die Gesellschaft einsetzen, werden Geschäfte und Geschäftsbeziehungen mit Sicherheit eine sozialere Richtung nehmen.

In seiner Geschichte *Why Doing Good Is Good for Business*[80] schreibt Richard McGill Murphy, Mitarbeiter bei CNN *Money*, wie der Pharmakonzern Pfizer Medikamente verschenkte: „Als die Arbeitslosigkeit im Jahr 2009 bis zur 10-Prozent-Marke anstieg, entschloss sich der Pharmakonzern Pfizer zu einer guten Tat. Für Kunden, die im Jahr 2009 ihren Job verloren hatten und deren Rezepte daher nicht mehr gedeckt[1)] waren, stellte Pfizer an die 70 seiner bekannten Medikamente zur Verfügung ... kostenlos für ein Jahr. Für eine Firma, deren Ruf schon einige Kratzer hatte, einschließlich der 2,3-Milliarden-Strafe für den unlauteren Vertrieb von Medikamenten an Ärzte, war die Aktion mit den Gratis-Medikamenten die anfallenden Kosten allemal wert. ‚Wir taten es, weil wir es für richtig hielten', sagte

1) In den USA sind viele Menschen über ihre Firma krankenversichert und verlieren ihre Versicherung, wenn sie arbeitslos werden.

Pfizer-Firmenchef Jeffrey Kindler, ‚doch es war auch motivierend für unsere Mitarbeiter und hatte eine tolle Resonanz bei unseren Kunden. Langfristig wird es nützlich fürs Geschäft sein'."

Dies zeigt, dass gegenseitige Fürsorge keine abstrakte Idee ist, sondern ein praktikables Konzept, das jedem mehr Wohlstand bringt. Gegenseitige Fürsorge schafft ein soziales wirtschaftliches Wertesystem und ist damit der Schlüssel zur Lösung unserer gesellschaftlichen, ökonomischen und politischen Probleme.

Sobald ungleiche Verteilung zu offensichtlich wird, erwacht der Ruf nach sozialer Gerechtigkeit. Unser Ego erlaubt uns niemals, uns kleiner, erniedrigt oder wertlos zu fühlen. Solch ein Problem lässt sich auch nicht mit Geld lösen, sondern benötigt eine subtilere, humane Herangehensweise. Solange wir nicht in der Lage sind, eine Gesellschaft zu schaffen, in der alle Mitglieder gleichwertig sind, einander zuhören, helfen und respektieren, wird die Verbitterung ihren Tribut fordern, wie die Beispiele des Arabischen Frühling deutlich machten.

Unsere Zukunft steht auf den Spiel, und die Lösung liegt im Wandel der sozialen Werte und in der Heilung unserer verqueren Beziehungen – entweder auf persönlicher Ebene oder zwischen Bürgern und Staat. Der Ansatz der gegenseitigen Fürsorge wird uns zu wahrer sozialer Gerechtigkeit führen und uns Nachhaltigkeit und Wohlstand bringen. Gegenseitige Fürsorge bedeutet nicht mehr nur wirtschaftliche und finanzielle Sicherheit, sondern auch Vertrauen im Leben, Frieden und Glück – Werte, die in den vergangenen Jahrzehnten immer mehr an Wichtigkeit eingebüßt hatten.

Teil 2
Aufbau einer neuen Gesellschaft – Aspekte

Eine Rekapitulation und
neue Perspektiven zu den in Teil 1
vorgestellten Prinzipien.

Krise und Chance

Neue Gesetze

Stellen Sie sich vor, Sie fahren mit dem Auto, und plötzlich beginnt der Motor zu stottern, und Sie würgen ihn ab. Anfangs bricht nur ein System zusammen, doch in der Folge fällt eines nach dem anderen aus. Nicht dass das Auto völlig zum Stillstand kommt. Die Hauptsysteme wie Motor und Getriebe sind noch funktionsfähig. Die Warnlichter gehen an und aus, und das Auto bleibt immer wieder stehen. Und dann – wie durch ein Wunder – läuft wieder alles wie geschmiert.

Ja, Sie bewegen sich noch, doch die Zeichen stehen schlecht, dass Sie tatsächlich ans Ziel kommen. Was tun Sie, wenn Ihnen so etwas widerfährt?

Genauso verhält es sich derzeit mit unserer Welt. Überall kommt es zu Zusammenbrüchen, doch wir machen trotz der Warnungen aller möglichen Experten weiter. Man sagt uns, dass die Menschheit als Maschine im jetzigen Zustand gründlich überholt werden muss. Je länger man zuwartet, desto größer können die Schäden werden und dementsprechend wären die Kosten zur Instandsetzung viel höher. Wenn sich das Wirtschaftswachstum weiter verlangsamt, wird sich die Anzahl der Amerikaner, die derzeit von Essensmarken leben, vervielfachen, und viele andere werden wirklich hungern - und dies nicht nur in den ärmsten Ländern der Erde.

Die Krise zeigt uns, dass wir etwas falsch machen. Wir haben Bankensysteme, Industrien und internationale Beziehungen, welche völlig außer Kontrolle geraten sind. Wir lernen gerade, dass Keynes' Theorie der eingebetteten Selbstsucht und der sogenannten unsichtbaren Hand unseren Egoismus nicht länger zügeln können. Wie ein sich ausbreitendes Geschwür zerstören wir unseren Planeten und unsere Gesellschaft.

KEIN AUSWEG IN SICHT

In einer globalen Krise tendiert jedes Land zu folgendem Gedanken: „Es wäre viel besser, wenn wir uns von den anderen abtrennen und selbst für die Bedürfnisse unserer Bürger sorgen könnten wie vor 100 Jahren. Warum drehen wir das Rad nicht einfach zurück, erhöhen die Einfuhrzölle, um die Importe zu verringern, kaufen bei anderen Ländern nur, was wir selbst nicht herstellen können, und frieren alle Geschäftsbeziehungen mit Firmen aus dem Ausland ein? Ja, der Lebensstandard würde ein wenig sinken, aber wir wären weniger abhängig von anderen."

Wir verstehen nicht, dass aus der Globalisierung kein Weg mehr herausführt. Wir können uns nicht länger vom Rest der Welt trennen. Globalisierung und Interdependenz sind untrennbare Dinge. Sich selbst aus dem Geflecht herauszunehmen wäre vergleichbar mit der Entnahme eines Organes aus dem Organismus: Wenn Sie sich einen Finger abschnitten - könnte der Finger für sich allein überleben?

EIN BUMERANG

Auf den ersten Blick erscheint gegenseitige Fürsorge utopisch – zu naiv, als dass dieses Konzept in unserer selbstzentrierten Welt funktionieren könnte. Doch eigentlich haben wir gar keine andere Wahl.

Im Laufe der Geschichte entwickelten wir uns durch unseren eigenen Antrieb immer weiter. Wir wollten ständig mehr und waren mit dem Status quo nie zufrieden. Wir zettelten Kriege und Revolutionen an. Wir kamen durch Konflikte und Kämpfe voran – um den Preis der Zerstörung.

Heute sind wir alle voneinander abhängig, und Kriege werden unsere Probleme auch nicht mehr lösen. Rohe Kraft kann die Welt nicht reparieren. Eine verbundene Welt kann nicht egoistisch geführt werden, und Unterdrückung und Gewalt werden nicht helfen. Die Regeln sind einfach: Wenn wir voneinander abhängig sind, kommt die Wirkung jeglicher Handlung wie ein Bumerang auf uns selbst zurück. Nur wenn wir verstehen, dass alle verbundenen Systeme auf die gleiche Weise funktionieren, werden wir Erfolg haben.

EXPONENTIELLE BESCHLEUNIGUNG

Die Zeit scheint sich zu beschleunigen. Im 20. Jahrhundert entwickelte sich die Menschheit schneller als zu allen Zeiten davor. Und obwohl das 21. Jahrhundert noch so jung ist, ist schon so vieles geschehen.

Wir leben in einer schnelllebigen Zeit. Es gibt zwar „langsamere“ Perioden, der Trend jedoch ist unverkennbar. Die zunehmende Geschwindigkeit zeigt sich auf vielen Gebieten:

Wir wechseln unsere Jobs (sofern wir welche haben) viel öfter, ebenso unsere Lebenspartner (sofern wir welche haben) und unsere Wohnungen (sofern wir welche haben).

Doch am offensichtlichsten zeigt sich die Geschwindigkeit in der technologischen Entwicklung. Man denke nur an die Mobiltelefone und vergleiche sie mit den Telefonen, die wir vor 40 Jahren benutzt haben. Wenn man bedenkt, dass ein durchschnittliches Mobiltelefon tausendmal leistungsfähiger ist als der Computer von Apollo 11 – der das Raumschiff steuerte –, wird offensichtlich, wie schnell und radikal sich alles verändert.

Eine gemeinsame Lösung

Die vielen Krisen des vergangenen Jahrzehnts zeigen uns die Notwendigkeit einer neuen Herangehensweise. In einer globalen Welt gibt es kein „lokales" Problem. Lösungen, die die ganze Menschheit zufriedenstellen, benötigen konsistente Beratungen zwischen den Vertretern aller Länder. Jede Seite legt die von ihr als dringend beurteilten Probleme auf den Tisch; dann werden alle Angelegenheiten nach Wichtigkeit geordnet und es wird abgewogen, in welcher Reihenfolge sie zu lösen sind. Nur durch Beratung im Bewusstsein der globalen Verbundenheit werden wir Lösungen finden.

Die Alternative zum gemeinsamen Beraten ist weniger ansprechend – der Krieg.

WARUM VERBINDUNG?

Viele Experten sind sich bereits einig, dass kein einziges Land die Krise von sich selbst aus überwinden kann. Und der Lauf der Evolution in der Natur zeigt uns noch einen anderen Aspekt, wie in Kapitel 2 beschrieben: Kooperation und Zusammenwirken spielten in der Entwicklung der Erde immer eine bedeutenden Rolle. Die globale Krise ist unsere Chance, dies zu entdecken und uns zu einem einzigen Organismus im Sinne der Natur zusammenzutun.

Natürliche Entwicklung

Die Natur toleriert kein Ungleichgewicht

Die Natur toleriert kein Ungleichgewicht. Heiße Luft bewegt sich zu kühlerer, um ein Gleichgewicht herzustellen. Luftdruck gleicht sich durch Wind aus. Wasser fließt in Richtung tieferer Gefilde. Überall strebt die Natur nach Ausgleich.

Genauso arbeitet der Mechanismus zur Kontrolle unserer Körpertemperatur. Gleichmäßig auf dem Körper verteilte Temperaturrezeptoren informieren das Gehirn (den Hypothalamus) ständig über die vorherrschende Temperatur bzw. Temperaturänderungen in der Umgebung. Über Signale an Schweißdrüsen und Muskeln reguliert das Gehirn die Körpertemperatur. Auf diese Weise wird sie konstant bei 37 Grad Celsius gehalten.

Dieses Gebot der Natur– alles in Harmonie zu bringen – weitet sich auch auf die Menschheit aus. Die Unruhen und Proteste, die immer wieder auftauchen, sind Ausdruck dessen, dass auch die Menschheit einen Ausgleich braucht. Obwohl wir alle Individuen sind, gilt das Kriterium der Balance auch für uns: Wir müssen einander unterstützen. Ob wir nun wollen oder nicht, die Natur wird gewinnen, und wir werden uns fügen müssen.

VORTEILE DER VEREINIGUNG

Heute benötigt alles, was wir tun, Energie und Einsatz von unserer Seite. Wenn wir uns allerdings im Ausgleich befänden, müssten wir nicht so viel Energie aufbringen, und wir wären einander immer und überall behilflich. Alles wäre leicht, und wir hätten mit viel weniger Hindernissen oder Problemen zu kämpfen.

Ausgewogenheit verringert überall im Leben den Widerstand. Dies ist auf zwischenmenschliche Beziehungen ebenso anwendbar wie auf alles, was wir aus der Natur kommend erzeugen. Durch Einheit unter uns bringen wir alles ins Gleichgewicht und wir werden nichts entbehren. Überall wird es Überfluss geben.

WELTWEITER HUNGER MUSS NICHT SEIN

Unser Planet kann mehr Menschen ernähren, als die derzeitige Weltbevölkerung ausmacht, vorausgesetzt wir kommen der Natur nicht in die Quere und verhalten uns wie Organe eines einzigen Organismus.

KEINE NEUE SPEZIES

Der nächste Schritt in der Evolution ist keine neue Spezies (obwohl dies auch passieren könnte). Die bedeutungsvolle nächste Stufe entsteht durch einen Sprung im menschlichen Bewusstsein. Für diesen Prozess müssen wir stufenweise Aufmerksamkeit und Verständnis entwickeln; wichtig ist, den

Mechanismus von Analyse-Synthese der Wirklichkeit zu konstruieren. Wir müssen herausfinden, wie unser Planet arbeitet, wer wir sind und wie wir an das Leben herangehen sollen. Wir leben in besonderen Zeiten. Wenn es uns gelingt, unseren Blickwinkel zu erweitern, unsere Herzen zu erweichen und unser Bewusstsein zu erweitern, werden wir schnell, erfolgreich und mit Leichtigkeit die Anforderungen dieser Zeit bewältigen.

SOLIDARITÄT

WARUM SIE UND NICHT ICH?

Nicht nur die ungerechte Verteilung des Reichtums, sondern jegliche ungleiche Chancenverteilung verbittern die Menschen. Doch in Wahrheit wird keine noch so gerechte Verteilung helfen, solange wir kein soziales Bewusstsein entwickeln, das die Idee der gegenseitigen Fürsorge unterstützt. Einen Bereich der Gesellschaft über einen anderen zu stellen würde nur wieder Zorn und Verbitterung in anderen Bereichen hervorrufen. Ohne die Geisteshaltung der gegenseitige Fürsorge werden sich Menschen, die nicht auf der Empfängerseite stehen, immer benachteiligt fühlen und fragen: „Warum sie und nicht ich?"

WAS IST GEGENSEITIGE FÜRSORGE?

Gegenseitige Fürsorge ist eine wechselseitige Verbindung, bei welcher wir jeden Menschen auf der Welt als engsten Verwandten betrachten. Wahrscheinlich kommt uns das unmöglich vor, doch die Entwicklung der menschlichen Gesellschaft wird uns zu einem Zustand führen, in dem wir die ganze Menschheit als

Familie betrachten. Wir würden wissen, welches Mitglied unserer Familie Hilfe welcher Art benötigt – ob es sich nun um Großeltern, Kleinkinder, unerwartete Ausgaben oder Gesundheitsfragen handelt. Ganz natürlich würden wir die Bedürfnisse unserer Familienmitglieder entsprechend ihrer Dringlichkeit ordnen. Würden wir dabei die Bedürfnisse eines kranken Großvaters ignorieren? Nicht, wenn wir eine normale Familie wären. Unser Verantwortungsgefühl und unsere gegenseitige Fürsorge würden uns dazu bringen, unsere Beziehungen mit der gesamten Menschheit so zu gestalten.

WAS IST GLEICHHEIT?

Gleichheit ist ein Zustand, in dem jeder die gleichen Chancen erhält, sich im kollektiven System auszudrücken – zu geben und zu nehmen, um mit dem Rest der Menschheit im Harmonie zu sein.

Beispielsweise ist das Herz gleichrangig mit der Lunge, die Lunge gleichrangig mit der Leber, die Leber mit den Nieren, die wiederum gleichrangig mit den Beinen sind.

Worin sind sie gleichrangig? Sie alle arbeiten in Wechselwirkung für das Wohlergehen des Körpers. Jeder Teil des Körpers konzentriert sich auf unterschiedliche Funktionen, die für die Gesundheit des Organismus notwendig sind. Dies erhält uns (den Organismus) am Leben und gesund.

Wenn ein Mensch beispielsweise zum Teil x der Menschheit gehört, macht ihn das nicht weniger wichtig als einen Menschen vom Teil y. Ich könnte sozusagen zum „Herzen" der Menschheit gehören, und ein anderer könnte zum „Gehirn" der Menschheit gehören oder zur „Leber". Dies sind die Voraussetzungen, in welche wir geboren werden und die uns vorherbestimmt sind.

Doch um die Gesundheit und das Wohlergehen der Menschheit zu erhalten, müssen wir als Gleichwertige kooperieren - und zwar dort, wohin wir gestellt wurden. Und wir dürfen uns deswegen nicht als besser oder schlechter fühlen - egal an welcher Stelle wir stehen.

Wir alle sind in verschiedene Familien hineingeboren, wir besitzen unterschiedliche Gene und haben eine unterschiedlicher Erziehung genossen. Unser Blick auf die Welt mag verschieden sein, aber wenn sich jeder in Harmonie mit dem anderen befindet, werden wir wirklich Gleichheit erlangen.

DER MÖBELPACKER, DER COMPUTERFREAK UND DIE GLEICHHEIT

Ein Denkanstoß: Nehmen wir an, wir haben zwei Menschen vor uns. Einer davon ist ein Möbelpacker, 196 cm groß, der 12 Stunden am Tag schuften kann - und der andere ist ein 155 cm großer, schmächtiger Computerfreak. Der Möbelpacker verdient 15 Dollar pro Stunde plus Trinkgeld und der Computerfreak, dessen Mobiliar er heute schleppt, verdient 150 Dollar pro Stunde plus Boni und Optionen. Ist das fair?

Dem einen wurde Kraft gegeben, dem anderen Hirnschmalz. Beide nutzen ihre natürlichen Talente mit gleichem Eifer - warum also soll der eine mehr verdienen als der andere? Beide tragen das zur Gesellschaft bei, was sie am besten können - in ihrem Beitrag sind sie also gleich. Warum schlägt sich dies nicht auch in ihrer Bezahlung nieder?

Wir wollen die Beschreibung leicht verändern. Was wäre, wenn Möbelpacker und Computerfreak Brüder wären? Wäre dem Computerfreak die finanzielle Bedrängnis seines Bruders nicht bewusst? Oder was, wenn der Computerspezialist der Vater unseres Möbelpackers wäre? Würde er seinen Sohn hungern oder pleitegehen lassen, nur weil dieser nicht über die Intelligenz des Vaters, aber stattdessen über einen kräftigen Körper verfügt?

Unsere Gesellschaft kann nur überleben, wenn wir als gleich betrachten, was die gleiche Anstrengung aufbringt. Doch der Weg zu dieser Denkweise benötigt konsequente „Umerziehung", bis wir wirklich verstanden haben, dass wir eine Familie sind. Sobald wir gegenseitige Fürsorge an die Spitze unserer Prioritätenliste setzen, werden wir die Welt als friedlich, freudvoll und einen wundervollen Ort zum Leben erkennen.

Eine neue soziale Leiter

Was kann uns selbstsüchtige Menschen dazu bringen, das Wohlergehen der anderen über unser eigenes zu stellen? Nur der Einfluss der Umgebung! Daher müssen wir unsere sozialen Werte ändern, damit Menschen für ihren Beitrag zur Gesellschaft geschätzt werden und nicht entsprechend der Größe ihres Bankkontos. Wann wird das Leben auf diesem Planeten gut sein? Sobald wir alle nicht zuerst an uns selbst denken, sondern an die anderen.

ANHÄNGE

Veröffentlichungen des ARI Institutes

WIR WIR WIR

Da es längst offensichtlich ist, dass wir uns inmitten einer globalen Krise befinden und der Begriff der Globalisierung weit mehr als die Zusammenhänge zwischen den weltweiten Aktienmärkten umfasst, sollte auch eine genauere Bedeutung des Begriffs die allgegenwärtige und wechselseitige Abhängigkeit in unserer Gesellschaft als Ganzes ansprechen. Global sind wir nicht nur im finanziellen, sondern, wenn auch nicht sofort ersichtlich, ebenso auch im sozialen und emotionellen Sinn. Durch unsere Stimmung beeinflussen wir uns gegenseitig so intensiv, dass wir damit soziale Unruhen in einem Land nach dem anderen entzünden. Durch das Geflecht der sozialen Netzwerke im World Wide Web breiten sie sich wie ein Lauffeuer aus.

Der „Arabische Frühling" breitete sich weit außerhalb der arabischen Welt aus. In jedem Land scheinen die Ursachen und Ausbrüche der Proteste unterschiedlich zu sein. In Ägypten wurde durch die Massendemonstrationen die Regierung gestürzt. In Syrien ist der heldenhafte Widerstand angesichts der Massenmorde ein Zeugnis für die gewaltigen Veränderungen im Denken der Menschen. Sie ertragen Tyrannei nicht länger.

In Israel gab es friedliche Proteste, jedoch in einem unvorhersehbaren Ausmaß. Annähernd 300.000 Menschen nahmen am 6. August 2011 an den Demonstrationen teil – umgerechnet ist das einer von 22 Einwohnern.

In Spanien demonstrierten die Bürger monatelang in ihren Zeltstädten, ohne dass eine Lösung in Sicht gewesen wäre. In England veranlassten die heftigen Unruhen Premierminister David Cameron zur sofortigen Rückkehr aus seinen Ferien in Italien. Selbst in Chile gab es heftige Aufstände von Studenten und laut einem CNN-Bericht protestierten im August 2011 annähernd 60.000 Menschen in Santiago.

Jemen, Libyen und viele andere Länder zählen ebenso zu den Staaten, in denen es bereits zu Unruhen gekommen ist oder wo sie zu erwarten sind.

Wenn man die Krise in diesen Ländern analysiert, bilden soziale, wirtschaftliche oder politische Ungerechtigkeiten den gemeinsamen Nenner. Doch diese Ursachen sind nicht neu. Sie plagen die Menschheit seit ihrem Anbeginn. Warum aber protestieren gerade heute so viele Menschen dagegen, und warum tun sie es alle gleichzeitig?

Die Antwort liegt in der Struktur und der Entwicklung der menschlichen Natur. Das illustrieren Jean M. Twenge und W. Keith Campbell wunderschön in *The Narcissism Epidemic* (Free Press, 2009): „Die Menschen von heute sind nicht nur narzisstisch und egozentrisch, sondern sie werden es auch in immer größerem Ausmaß."

Als Narzissten stellen wir uns selbst in den Mittelpunkt und beurteilen andere ausschließlich nach ihrem Nutzen oder Schaden für uns. So verbinden wir uns mit der Welt - durch das Vergrößerungsglas der Selbstgerechtigkeit. Doch genau so dürfen wir in einer globalisierten und völlig vernetzten Welt nicht handeln. Um hier erfolgreich zu sein, muss man für jene, mit denen man verbunden ist, Nutzen stiften, genauso wie wir es für uns selbst erwarten. Wenn es Abhängigkeit gibt, gilt: Wenn die anderen glücklich sind, bin ich es auch. Und *wenn sie unglücklich sind, werde ich sicher auch nicht glücklich sein*, wie Nicholas A. Christakis und James H. Fowler in *Connected* aufzeigen:

The Surprising Power of Our Social Networks and How They Shape Our Lives – How Your Friends' Friends' Friends Affect Everything You Feel, Think, and Do.

Die Lösung liegt daher in der Änderung der Perspektive – von der Selbstgerechtigkeit zur sozialen Gerechtigkeit, bei der die Interessen der Gesellschaft an erster Stelle stehen, damit wir letztendlich alle davon profitieren.

Praktisch gibt es drei Ziele:

1. Gewährleistung der Berücksichtigung der Bedürfnisse jedes Mitglieds der Gesellschaft.
2. Fortführung dieser Denkart, indem prosoziale Werte durch Massenmedien, Internet und hierbei besonders durch soziale Netzwerke betont und hervorgehoben werden.
3. Nutzung sozialer Arbeit für persönliches Wachstum, um das Potenzial jedes Menschen in vollem Ausmaß zu verwirklichen.

Um **Ziel 1** zu erreichen ist ein internationales Gremium, bestehend aus Staatsoberhäuptern, Ökonomen und Soziologen –, mit Repräsentanten aus allen Nationen zu gründen, welches eine Struktur für eine gerechte und nachhaltige Wirtschaft ausarbeitet. „Gerecht" bezieht sich dabei nicht auf gleichmäßige Verteilung von Gütern oder (natürlichen, menschlichen oder finanziellen) Ressourcen. Vielmehr sichert ein gerechtes Wirtschaftssystem die Versorgung und Bemühung um jeden einzelnen Menschen auf der Erde. So benötigt ein hungerndes Kind in Kenia erst einmal kein iPhone, sondern hat ein Recht auf Nahrungsmittel, Unterkunft, Kleidung, Medizin und Ausbildung.

Umgekehrt könnte ein Kind aus Norwegen das neueste iPhone besitzen, sich jedoch derart unglücklich fühlen, dass ihm der Wert des eigenen Lebens oder noch schlimmer der Wert des

Lebens im Allgemeinen wertlos erscheint, wie es die jüngsten Geschehnisse in Norwegen zeigten. Die Bedürftigkeit ist in beiden Fällen völlig unterschiedlich und dennoch von enormer Bedeutung. Mit beiden Fällen muss sich daher das besagte Gremium befassen und dabei berücksichtigen, dass „wir alle im selben Boot sitzen", wie Paul Krugman, Träger des Nobelpreises für Wirtschaftswissenschaften, in seiner Kolumne der New York Times bemerkte.

Ziel 2 erfordert einen Paradigmenwechsel. Da die Medien die öffentliche Tagesordnung vorgeben, müssen sie auch den Weg zur Verminderung der Ich-Bezogenheit beschreiten. Anstelle des ständigen „Ich, ich, ich" – eine Haltung, die wir über die letzten Jahrzehnte sorgsam kultiviert haben – sollten wir zum Motto „Wir, wir, wir", „füreinander einstehen" oder „Einer für alle, alle für einen" übergehen. Wenn die Medien beginnen, die Vorteile des Altruismus in den Vordergrund und gleichzeitig den narzisstischen Ansatz in den Hintergrund zu rücken, werden wir immer mehr zum Geben und Teilen tendieren anstelle uns weiter zu isolieren und uns in Argwohn zu wiegen. Würden in der Werbung oder in Informationssendungen altruistische Personen „verehrt" und als „cool" dargestellt, würden wir alle anfangen, solchen Menschen nachzueifern und zu „Gebern" zu werden – genauso wie wir bisher gerne den Reichen und Mächtigen nachgeeifert haben.

Eine solche Denkart wird gewährleisten, dass unsere Gesellschaft gegenüber allen Individuen gerecht und mitfühlend bleibt und dass gleichzeitig alle Menschen freiwillig zu einer solchen Gesellschaft beitragen. Zusätzlich würden viele der heute bestehenden Kontrollorgane und Behörden, wie zum Beispiel Polizei, Streitkräfte oder eine finanzielle Aufsichtsbehörde entweder überflüssig oder zumindest abgebaut werden. In einem solchen idealen Staat würde man alle finanziellen und menschlichen Ressourcen hauptsächlich auf die Verbesserung unseres täglichen Lebens konzentrieren, anstelle sich – wie jetzt – mit der immer schwieriger werdenden Gewährleistung unserer Sicherheit herumzuschlagen.

In einer derartigen ermutigenden und sozialen Atmosphäre würde sich **Ziel 3**, „Nutzung sozialer Arbeit für persönliches Wachstum", automatisch ergeben. Die Gesellschaft wird sich anstrengen und danach streben, dass jedes Mitglied sein Potenzial voll ausschöpfen kann. Weil es dieses Potenzial zum Wohle der Allgemeinheit realisieren wird, liegt seine Realisierung auch voll und ganz im Interesse der Gesellschaft. Vom Drang befreit, uns selbst vor einer feindseligen Umgebung zu schützen, werden wir durch die neuen, freiwerdenden Energien zur Selbstverwirklichung gelangen. Als Ergebnis werden sich Depressionen verringern, und die Zufriedenheit mit dem Leben wird sich dramatisch verbessern.

Nach einigen Monaten in einer solch altruistisch geprägten Gesellschaft werden wir gar nicht mehr verstehen können, warum uns Eigennutz einst so erstrebenswert erschien. Der offensichtliche Erfolg und das Glücksgefühl fördern die Motivation, eine solche Gesellschaft zu erhalten und zu stärken. Diese kontinuierliche prosoziale Bewegung befördert automatisch auch das Wohlergehen aller Individuen, ohne auch nur ein einziges zu vernachlässigen.

Nur eine Struktur, die den Schwerpunkt auf die Zufriedenheit und den Wohlstand aller legt, kann in einer globalisierten Welt den Beweis der Nachhaltigkeit und des Erfolgs erbringen.

Der Weg zur sozialen Gerechtigkeit

Überall auf der Welt sind die Menschen erwacht. Sie fordern von ihren Regierungen, ihre Appelle zu hören, ihre Schmerzen zu erkennen und ihre Probleme zu beheben. Der Aufruhr bezieht sich nicht nur auf Nahrungsmittel- und Immobilienpreise: Am Ende steht eine beständige Forderung nach sozialer Gerechtigkeit.

Dennoch ist soziale Gerechtigkeit ein schwer erreichbares Ziel. Bei einer so vielschichtigen, von Inflation, Arbeitslosigkeit und mangelnder Bildung betroffenen Gesellschaft mag soziale Gerechtigkeit für einen Menschen zu einer sozialen Ungerechtigkeit für einen anderen führen. In der aktuellen Struktur der Gesellschaft wird jede einmal erreichte Lösung nur beibehalten, um die Ungerechtigkeit nicht noch zu verschlimmern, was weit verbreitet Verdrossenheit mit sich bringt, die wiederum mehr Gewalt und Krieg auslösen kann.

Die Erfüllung der Forderung nach sozialer Gerechtigkeit muss daher alle Teile der Gesellschaft berücksichtigen. Keiner darf ausgeschlossen werden. Der *Arabische Frühling* im Jahr 2011 beweist eine grundlegende Veränderung der Welt. Die Menschheit hat sich zu einem einzigen globalen Unternehmen entwickelt, und dies setzt voraus, dass wir die Grundrechte aller Nationen und Individuen anerkennen. Die Völker tolerieren nicht länger, dass ihre Gebiete besetzt und die Menschen nicht, dass sie unterdrückt werden.

Vergleicht man die Menschheit mit einem menschlichen Körper, der zahlreiche Organe mit verschiedenen Funktionen enthält, so ist kein Organ überflüssig. Jedes Organ beteiligt sich daran, dass der Körper das bekommt, was er braucht.

Gleichermaßen muss der Lösungsansatz für die Unruhen in allen Ländern alle „Organe" der Gesellschaft einschließen. Das geltende Motto für alle Verhandlungen zwischen Regierungen, Beamten und Demonstranten sollte eine „rücksichtvolle Denkart" sein. Die Verhandlungen sollten auf der Prämisse gründen, dass alle Parteien, die eine Leistung erbringen, respektvoll behandelt werden. Wenn so viele Parteien Ansprüche stellen, müssen auch alle Parteien alle Ansprüche in ihre Überlegungen miteinbeziehen.

Bei solchen Überlegungen gibt es keine Guten oder Bösen, sondern Leute mit legitimen Ansprüchen, die versuchen, ihre Probleme miteinander zu besprechen und eine akzeptable, würdige Lösung für alle Seiten zu erreichen.

Denken Sie an eine große und liebevolle Familie: Jeder in dieser Familie hat seine Bedürfnisse. Der Großvater braucht seine Medikamente, der Vater benötigt einen Anzug für den neuen Job, die Mutter braucht ihre Yoga-Stunden, und der große Bruder ist gerade an einem angesehenen, teuren College angenommen worden. Die Familie kommt zu einem Familientreffen zusammen, ein bisschen wie Weihnachten, aber ohne Gans. Sie sprechen über ihre Einkommen, argumentieren über Prioritäten, teilen ihre Bedürfnisse, streiten ein bisschen und lachen viel. Am Ende wissen sie, was notwendig ist und was nicht, was wer bekommt, was jeder braucht und was wer später bekommt. Da sie alle miteinander verbunden sind, akzeptieren sie es zu warten, denn nach allen Diskussionen sie sind immer noch eine Familie.

In vielerlei Hinsicht haben die Globalisierung und die wachsende wechselseitige Abhängigkeit die Menschheit zu einer gigantischen Großfamilie werden lassen. Nun müssen wir lernen, wie eine solche zu arbeiten. Das Leben als Mitglied einer großen, gut funktionierenden Familie bietet immer mehr Sicherheit als ein Singledasein.

Wir müssen bedenken, dass Regierungen vieler Länder mit riesigen Defiziten und Schulden zu kämpfen haben; es scheint einfach nicht genug Ressourcen zu geben. Doch der Schein trügt. Die Ressourcen reichen aus, einen respektablen Lebensstandard für alle zu ermöglichen, wenn wir nur die Bedürfnisse unserer Mitmenschen anerkennen. Deshalb ist „die große Familie" das beste Beispiel für soziale Gerechtigkeit. Die Idee besteht nicht darin, das System zu zerbrechen, sondern es anzupassen. Im Vordergrund stehen dabei die Bedürfnisse der Menschen und nicht jene von Lobbyisten.

Natürlich können nicht alle Anforderungen sofort erfüllt werden. Wenn wir unsere Bedürfnisse aber offen diskutieren, um mit vereinten Kräften die Probleme zu lösen, ergibt sich logischerweise eine Art Prioritätenliste für die zu behandelnden Aufgaben.

König Artus' Tafelrunde bestand aus einem runden Tisch, um den er und seine Ritter sich versammelten. Der Tisch hatte keinen Kopf, was bedeutete, dass jeder, der dort saß, den gleichen Status hatte. Ebenso sollten Regierung und Bürger verstehen, dass nur eine Diskussion, in der alle Teilnehmer den gleichen Status haben, annehmbare Lösungen für alle hervorbringen kann.

Wir müssen uns daran erinnern, dass wir wie in einer Familie alle füreinander verantwortlich und voneinander abhängig sind. Die Schwierigkeiten, denen wir uns heute gegenübersehen, sind nicht Ursache, sondern Symptom unseres wahren Problems: des Mangels an Solidarität und gegenseitiger Verantwortung füreinander. Daher ist es von größter Wichtigkeit, sie gezielt durch die Methode „Runder Tisch“ zu lösen.

So werden wir eine Gesellschaft aufbauen, die durch die Geisteshaltung einer gegenseitigen Fürsorge beeinflusst wird - eine Aufgabe, deren notwendige Verwirklichung uns die Natur deutlich aufzeigt. Wenn wir den Gedanken der gegenseitigen Fürsorge erst verinnerlicht haben werden, werden Schwierigkeiten und Probleme verschwinden.

Hin zur gegenseitigen Fürsorge

Warum Verantwortung zu übernehmen der Schlüssel zur Lösung jeglicher Krise ist

Obwohl sich die Vereinten Nationen seit Jahrzehnten bemühen, Ungleichheit, Ausbeutung und Mangel am Notwendigsten auszumerzen, sind diese in vielen Ländern noch immer ernste Probleme. Etwa 1,4 Milliarden Menschen leben von weniger als 2 Dollar am Tag, während in Australien allein jährlich Nahrungsmittel im Werte von 5,2 Milliarden Dollar weggeworfen werden. Jonathan Bloom, Autor von *American Wasteland: How America Throws Away Nearly Half of Its Food* (Wie Amerika rund die Hälfte der Nahrungsmittel wegwirft), schreibt: „Mehr als 40 Prozent der produzierten Nahrungsmittel landet im Abfall der Amerikaner. Das macht rund hundert Milliarden Dollar im Jahr." Und schlimmer noch, der Abstand zwischen Arm und Reich wird immer größer.

Seit Jahrzehnten verlaufen die Bemühungen der Entwicklungsländer um Nahrungs- und medizinische Grundversorgung sowie die Forderung nach Unterstützung durch reichere Länder im Sande. Bis heute scheint der Grundsatz zu gelten: „Der Starke frisst den Schwachen."

Diese Mängel bestehen nicht nur zwischen den Ländern, sondern auch innerhalb der einzelnen Länder. Die Ungerechtigkeiten rufen sowohl nationale als auch internationale Spannungen hervor, und im Licht der globalen Krise könnte sich die Situation noch weiter verschlimmern.

Doch die Spielregeln haben sich geändert. Die jüngsten weltweiten Proteste erteilen uns eine Lektion, die wir sehr ernst nehmen müssen: Die Welt ist verbunden, und „Wie du mir so ich dir" gilt im wahrsten Sinne des Wortes. Die Globalisierung macht uns alle abhängig, und kein Land soll ein anderes nur deswegen ausbeuten können, weil es stärker ist – oder es wird Lehrgeld zahlen. Wir sehen bereits, dass Länder, die gestern noch als unangreifbar galten, plötzlich zu „bröckeln" beginnen und ihre Zahlungsfähigkeit nur durch die Gnade anderer Länder, die Jahre zuvor noch als „arm" eingestuft wurden, aufrechterhalten können.

In einer globalisierten Welt gewinnen wir wegen der bereits erwähnten Abhängigkeit entweder alle, oder wir werden alle verlieren. Wenn genug Menschen sich der Tatsache der Globalisierung und der gemeinsamen Verantwortung stellen, wird sich ein Bewusstseinswandel vollziehen. Reiche Länder werden ärmere nicht länger ausbeuten; Mammut-Konsortien werden nicht länger Milliarden scheffeln, indem sie Millionen Arbeiter ausbeuten; kein Kind wird mehr an Hunger sterben oder an Krankheiten, die sich leicht mit Antibiotika behandeln ließen; und Frauen werden nicht länger diskriminiert, weil sie Frauen sind. In einer Welt, in der jeder erkennt, dass sein eigenes Wohlergehen von Wohlergehen der anderen abhängt, wird jeder sich um den anderen kümmern und im Gegenzug ebenso Zuwendung erhalten.

Wenn dieser Bewusstseinswandel eintritt, werden Begriffe wie „Erste Welt" oder „Dritte Welt" verschwinden, denn es wird eine Welt und eine Menschheit geben.

Den Wandel vollziehen

Um das oben Gesagte umzusetzen, braucht es zweierlei: Erste Hilfe und Bildung.

Erste Hilfe bedeutet, dass wir eine weltweite Kampagne starten, in welcher wir klarmachen, warum in einer globalen Wirklichkeit Nahrungs- und Trinkwassermangel unentschuldbare Tatsachen sind, die umgehend geändert werden müssen. Man kann leicht aufzeigen, dass die Kosten für solche Investitionen sich innerhalb weniger Jahre amortisieren. Länder wie Indien, Vietnam und Indonesien sind wunderbare Beispiele für die noch bevorstehenden Herausforderungen.

„Bildung" bedeutet, die Menschen darüber zu informieren, dass Globalisierung, gegenseitige Abhängigkeit und geteilte Verantwortung keinen von uns verschonen, sondern über uns hinwegschwappen wie ein Tsunami. Die jüngste Finanzkrise und die Unruhen sind ein Zeichen dafür, dass wir alle aufeinander Einfluss ausüben – und zwar auf allen Ebenen des Lebens: wirtschaftlich, soziologisch und sogar emotionell (siehe auch Thomas Friedmans Hinweis zu *Globalization of Anger*[81]).

In **Phase 1** des Bildungsprozesses machen wir den Menschen begreiflich, dass es inakzeptabel ist, über eine Milliarde Menschen hungern zu lassen, während ebenfalls über eine Milliarde Menschen nahezu die Hälfte der eingekauften Nahrungsmittel wegwirft und an Übergewicht leidet. Sobald die Grundbedürfnisse der Weltbevölkerung befriedigt sind, beginnt Phase 2.

Phase 2 fokussiert auf die Wichtigkeit der Einheit und Solidarität zwischen Menschen und Völkern in Übereinstimmung mit der aktuellen Realität.

In der Natur sind Einheit, Wechselseitigkeit und füreinander Einstehen die Voraussetzungen für das Leben. Kein Organismus kann überleben, wenn seine Zellen nicht in Harmonie zusammenarbeiten. Auch ein Ökosystem kollabiert, wenn eines seiner Elemente unrund läuft. Bisher ist die menschliche Spezies die einzige, die nicht den Gesetzen der Wechselseitigkeit folgt. Wir glaubten, dass das Naturgesetz lautet: „Der Stärkste überlebt." Doch mittlerweile erkennen wir, dass wir ebenfalls voneinander abhängige Objekte sind und entsprechend handeln müssen, wenn wir überleben wollen.

DEN VERÄNDERUNGSPROZESS ANSTOSSEN

Um die Botschaft der gegenseitigen Verantwortung zu verbreiten, empfahlen wir, das Jahr 2012, welches die Vereinten Nationen zum Internationalen Jahr der Genossenschaften ausgerufen hatten, dazu zu nutzen, die Dringlichkeit zur gegenseitigen Unterstützung zu proklamieren, um Gesellschaft und Wirtschaft zukunftsfähig zu machen.

Die Schritte des Wandels

1. Wir müssen unter der Federführung der UN ein internationales Forum aus Natur-, Geistes- und Sozialwissenschaftlern, Künstlern, Denkern, Ökonomen, erfolgreichen Geschäftsleuten und Prominenten etablieren, um damit den Startpunkt des *Jahres der Zusammenarbeit* anzukündigen. In dieser Konferenz verpflichten sich die Teilnehmenden, ihr Äußerstes zu geben, um Hunger und Mangel auszurotten. Sie werden von ihren Ländern eingestellt, um eine weltweite Kampagne auszuarbeiten, die ein globales Bewusstsein für geteilte Verantwortung und gegenseitige Abhängigkeit erschafft.

2. Am Ende dieses Forums werden Teams der UN mit jedem Land Medienkampagnen, Bildungsprogramme, Straßenplakate und viele andere Werbemittel ausarbeiten, um die oben genannten Konzepte voranzutreiben. Das Ziel dieser Kampagnen liegt darin, ausbeuterisches Handeln anzuprangern und im Gegenzug die Idee des Teilens und Unterstützens als natürlich und lobenswert anzupreisen.

3. Die UN-Teams werden sich regelmäßig versammeln, um über ihren Fortschritt zu berichten und ihre Schritte zu synchronisieren und so einen gleichförmigen, globalen Prozess in Richtung Einheit und Verantwortung vorantreiben. Diese Treffen werden live in Funk und Fernsehen übertragen, um Transparenz und Glaubwürdigkeit zu demonstrieren, doch hauptsächlich um den Fortschritt zu zeigen, der sich einstellt, sobald alle zusammenarbeiten.

4. Länder, Konsortien und auch Einzelpersonen, die sich in Solidarität und Verantwortung auszeichnen, werden „bewundert" und gelobt – so wie heute Filmstars und berühmte Musiker. Dies wird einen mächtigen gesellschaftlichen Anreiz bilden, sich weiter anzustrengen bzw. wird andere motivieren, mit solchen Aktivitäten zu beginnen.

5. Aus zahlreichen Experimenten zum sozialen Verhalten (z. B. David W. Johnson und Roger T. Johnson *An Educational Psychology Success Story: Social Interdependence Theory and Cooperative Learning*) wissen wir, dass typisch westliche Leiden wie Depression und Drogenmissbrauch verschwinden werden, sobald die Kampagnen greifen. Dies wird umgekehrt ein gewaltiges Maß an finanziellen und menschlichen Ressourcen freisetzen, mit welchen wiederum andere Bedürfnisse der Menschheit erfüllt werden können. Feindseligkeiten zwischen Staaten wird der Boden entzogen, wenn auch nur aus Mangel an moralischer oder finanzieller Unterstützung der Gegenspieler. In einer Welt der Abhängigkeit ist es einfach unklug zu kämpfen, dies wird allen sehr schnell klar werden.

Wir im ARI Institut haben jahrelange Erfahrung in internationaler Zusammenarbeit, in Networking und der Verbreitung von Ideen. Wir verfügen über ein Online-System, mit dem wir kostenlos Sendungen mit Simultanübersetzungen in acht Sprachen ausstrahlen, und wir sind in der Lage, in kürzester Zeit Videomaterial und Texte zu produzieren.

Wir arbeiten bereits jetzt mit der UNESCO auf dem Gebiet der weltweiten Bildung, und wir bieten unsere Dienste auch den Vereinten Nationen an, in der Hoffnung, diese fruchtbare Partnerschaft voranzutreiben.

Heute verlangt die Natur von uns, uns zu verbinden. Mit der Zeit wird diese Forderung sich weiter verstärken, bis wir ihr alle zustimmen. Gleichzeitig ist diese Forderung der Schlüssel zum Erfolg, wenn wir uns eine tragfähige Umgebung für uns und unsere Kinder erschaffen wollen. In diesem Sinn müssen wir uns vereinen und zusammenarbeiten, dann werden wir erfolgreich sein.

Vorteile der neuen Wirtschaft

Eine ausgeglichene Wirtschaft ist in einer globalen und integralen Wirklichkeit nicht nur äußerst wichtig, sondern bringt allen Vorteile:

- Eine Wirtschaft, die auf den Prinzipien der gegenseitigen Fürsorge fußt, fügt sich den Gesetzen eines global-integralen Systems und wird daher unsere Bedürfnisse nach Lebensunterhalt auf stabile Weise befriedigen. Dadurch wird sie uns dazu befähigen, unsere persönlichen und gesellschaftlichen Potenziale in vollem Umfang zu realisieren.
- Eine Wirtschaft unter dem Schirm der gegenseitigen Fürsorge bietet viele soziale und ökonomische Vorteile, wie beispielsweise faire Lebensstandards für alle, Reduktion der Lebenshaltungskosten, Transparenz, einen größeren „Kuchen" und eine dramatische Verringerung der Schere zwischen Arm und Reich.
- Der Übergang von der heutigen wettbewerbsorientierten, selbstzentrierten Wirtschaft zu einer ausgeglichenen, funktionellen wird große Geldressourcen und Gewinne bringen, die dem öffentlichen Wohl zugute kommen können.

EINE ESKALIERENDE KRISE IN EUROPA UND IN DEN VEREINIGTEN STAATEN

Die globale Wirtschaftskrise verschärft sich rasant. Die USA erlitten ihre erste Herabstufung durch die Ratingagenturen, und die Eurozone droht überhaupt auseinanderzubrechen bzw. zahlungsunfähig zu werden, was die Finanzmärkte der ganzen Welt erschüttern würde. Gleichzeitig machen führende Finanzexperten und Ökonomen, wie zum Beispiel Nouriel Roubini, düstere Prophezeiungen: „Es besteht eine hohe Wahrscheinlichkeit ... dass innerhalb der nächsten 12 Monate eine neue Rezession auch auf die am weitesten fortgeschrittenen Wirtschaften zukommt.“[82]

Die wirtschaftliche Abhängigkeit der Länder voneinander macht es ihnen unmöglich, sich zu isolieren oder ihre Probleme alleine zu lösen. Man betrachte nur den Versuch der Eurozone, Griechenlands lahmende Wirtschaft zu retten. Der polnische Finanzminister Jacek Rostowski warnte in einer Rede vor dem Europaparlament: „Europa befindet sich in großer Gefahr, und der Zusammenbruch der Eurozone könnte zu einer Kettenreaktion führen, die die ganze Europäische Union gefährdet, was schließlich in einen Krieg münden könnte.“[83] Auch Bundeskanzlerin Angela Merkel legte dar, dass „ein Schutzwall um Griechenland‘ installiert werden müsse, um eine Kaskade von Marktangriffen in anderen Euro-Ländern abzuwenden.“[84]

Zweifellos sind Investoren über die Zukunft der Weltwirtschaft besorgt. Im Rahmen von Gesprächen zwischen Investoren und Bankern in Washington sagte PIMCO, eine der größten Investmentgesellschaften der Welt, voraus, dass „das Wirtschaftswachstum sich verlangsamen wird, da Europa in eine Rezession rutscht.“[85] Der ehemalige U.S.-Schatzmeister Lawrence Summers, der über 20 Jahre lang die Treffen des

Internationalen Währungsfond besucht hatte, sagte auf dieser Veranstaltung: „Bei keiner Sitzung zuvor hatten die Fragen mehr Gewicht und gaben Anlass zur Sorge betreffend die Zukunft der Weltwirtschaft."

Die Arbeitslosenrate in Europa und den USA ist hoch und nimmt weiter zu. Spaniens Arbeitslosenrate stieg auf ein neues Eurozonen-Hoch von 21,3 Prozent im ersten Jahresquartal mit einem Rekordhoch von 4,9 Millionen Beschäftigungslosen. In den USA beträgt die Arbeitslosenrate 8,6 Prozent mit insgesamt 13,3 Millionen Arbeitslosen.

DIE WIRTSCHAFT BRAUCHT EINE FRISCHZELLENKUR

Die Erfolglosigkeit beim Versuch, die globale Krise von 2008 zu lösen, verblüffte die prominentesten Ökonomen und zeigte die Grenzen des herrschenden wirtschaftlichen Paradigmas auf. Die expansive Geldmengenpolitik sollte dazu dienen, den Niedergang aufzuhalten und die Weltwirtschaft zu heilen, doch das Gegenteil trat ein. Es schien, dass die ökonomische „Werkzeugkiste" in den Händen der Entscheidungsträger nur die Symptome der Krise behandelte und nicht die Krise selbst.

Zinssenkungen, Erhöhung des Budgets – um Industrie und Handel zu fördern –, Steuersenkungen, Finanzreformen, Eingreifen der Zentralbanken in die Anleihen- und Devisenmärkte haben auf ganzer Linie versagt, die festgefahrene Wirtschaft neu zu beleben.

Um der Krise zu entkommen, müssen wir zuerst die Ursache des Problems erkennen. Nur die Symptome zu behandeln löst die Krise nicht, wie ihr Neuauftauchen gezeigt hat.

Im Grunde gibt die Wirtschaft Auskunft über unsere Beziehungen zueinander. Derzeit besteht unser oberstes Motiv darin, unsere Gewinne zu maximieren – und dies in einer auf Wettbewerb ausgerichteten Umgebung, die uns im Gefühl ständigen Mangels hält. All das resultiert in einem Nullsummenspiel, in welchem der Gewinn des einen der Verlust des anderen ist.

Die Lösung der Wirtschaftskrise fordert von uns, dass wir in unsere Beziehungen die Idee der gegenseitigen Fürsorge einbringen. Solch eine Veränderung ist jedoch nur möglich, wenn wir eine förderliche Umgebung schaffen, einschließlich der Informationssysteme, die uns über die Veränderung auf dem Laufenden halten. Dazu benötigen wir auch die Medien sowie Erwachsenen- und Jugendbildung. Der pädagogische Rahmen wird dabei Werte wie Solidarität, Zusammenarbeit, Empathie, Sorge um andere und gegenseitige Fürsorge fördern.

Die Sozialwissenschaften bieten genügend Beweise dafür, wie die Umwelt den Menschen beeinflusst. Daher brauchen wir eine Gesellschaft, welche uns lehrt, umzudenken und neue soziale Werte anzunehmen.

Heute belohnt uns die Gesellschaft mit Geld, Macht und Ruhm. Solche Anerkennungen begünstigen Wettbewerb und fördern Aggressivität, da jeder versucht, andere auf persönlichem, geschäftlichem, nationalem oder internationalem Niveau zu manipulieren und auszubeuten. Wenn stattdessen gegenseitige Fürsorge anerkannt würde, wäre der Vollzug des Wandels leicht und erführe breite Unterstützung durch die Öffentlichkeit. Das ist die Macht des gesellschaftlichen Einflusses auf unser Verhalten.

DAS WICHTIGSTE ZUERST: DAS FEUER LÖSCHEN

Zunächst müssen wir uns den drängendsten Problemen widmen. Dafür müssen wir zusammenkommen, an einem Runden Tisch gemeinsam beraten und - genau wie in einer Familie - darüber sprechen, wie wir den Ärmsten unter uns helfen können. Ohne eine einvernehmliche Lösung dieses schwerwiegenden Problems können wir keinen Fortschritt erzielen.

Einvernehmen ist eine Voraussetzung für gegenseitige Fürsorge zwischen uns; die glücklicheren unter uns werden notwendige Zugeständnisse machen können, um anderen zu helfen und wirtschaftliche Verbesserungen zu schaffen, welche das Gespenst der Armut wirksam und endgültig bekämpfen können.

Um das Ungleichgewicht auszugleichen, wird man teilweise auf Staatsbudgets zurückgreifen müssen, was wiederum die sozioökonomischen Prioritäten widerspiegelt. Das meiste Geld jedoch wird aus neuen Quellen stammen, welche durch den Übergang von exzessivem zu vernünftigem Konsum entstehen. Dieser Wandel reflektiert ebenfalls den Übergang von einer kompetitiven Wirtschaftsform zu einer kooperierenden, harmonischen, die sich nahtlos in die Gesetze der globalen integralen Welt einfügt.

Gleichzeitig müssen wir grundlegende Fertigkeiten erwerben und mit der Aufklärung der Verbraucher beginnen, damit wir eine unabhängige, ausgewogene Lebensweise anstreben können. Die Kombination unmittelbarer wirtschaftlicher und finanzieller Lösungen mit der richtigen Aufklärung der Verbraucher wird wie eine Wiederbelebung für Menschen mit niedrigem Einkommen sein. Dies wird auch die notwendige gemeinsame Basis schaffen, um die gegenseitige Fürsorge als einen sozialen und wirtschaftlichen Pakt anzunehmen, welcher uns harmonisch mit den Gesetzen der globalen Welt verbindet.

MODERNE WIRTSCHAFT UNTER DEM SCHIRM DER GEGENSEITIGEN FÜRSORGE

Es ist leicht, das verbesserte sozioökonomische System am Ende des Veränderungsprozesses, zu dem uns die Krise führt, zu beschreiben. Das Missverhältnis des derzeitigen Wirtschaftssystems im globalen Netzwerk und die wachsenden, reziproken persönlichen und politischen Abhängigkeiten sind die wahren Gründe für die Verschärfung der Krise. Wenn Entscheidungstreffer und führende Wirtschaftsexperten sie ebenfalls als Kern-Ursachen verstehen, wird die Lösung ohnehin offensichtlich. Trotzdem müssen wir unsere Beziehungen untereinander in Richtung gegenseitige Fürsorge ändern. Dann können wir uns der neuen Wirtschaft zuwenden, die ein Beweis für den vollzogenen Wandel sein wird.

Unter dem Schirm der gegenseitigen Fürsorge werden sowohl die Wirtschaft als auch die menschliche Gesellschaft in einem ausgewogenen Verhältnis zueinander stehen. Anstatt gegen den Strom zu schwimmen, Energie und Ressourcen zu verschwenden, um die scheiternden Methoden aufrechtzuerhalten, wird sich eine neue Wirtschaft bilden, harmonisch und stabil. Sie wird sich auf sozialen Zusammenhalt stützen, auf erweiterte internationale Zusammenarbeit, ausgewogenen Konsum und stabile Finanzmärkte und sich vollkommen vom derzeitigen Finanzmarktsystem unterscheiden, das alle 5 bis 7 Jahre Blasen produziert.

Vorteile der Ökonomie der gegenseitigen Fürsorge

Eine Wirtschaft, die auf gegenseitiger Verantwortung beruht, hat viele Vorteile. Indem wir versuchen, am bestehenden, versagenden Wirtschaftsmodell festzuhalten und die unmittelbaren Probleme zu lindern, die auf die Finanzkrise folgen, machen wir es uns schwerer, das ungeheure Potenzial der Wirtschaft im Licht der gegenseitigen Fürsorge und Verantwortung abzuschätzen. Wenn wir uns jedoch diesen zukünftigen Zustand vorstellen, können wir zahlreichen Vorzüge erkennen:

1. Ein gerechter und angemessener Lebensstandard für alle: Eine auf gegenseitiger Rücksichtnahme basierende Wirtschaftspolitik wird uns helfen, die nötigen öffentlichen Mittel bereitzustellen, um die unteren Bevölkerungsschichten über die Armutsgrenze zu heben. Gleichzeitig werden Workshops, Kompetenztrainings und Verbraucherwissenschaft den Menschen helfen, finanzielle Unabhängigkeit zu entwickeln. Das Über-unsere-Verhältnisse-Leben und der total unreflektierte Konsum sind zu einer globalen Schuld angewachsen, die der Korrektur bedarf.[87, 88]

2. Die Lebenshaltungskosten senken: Wenn Gier nicht länger die Grundlage unserer Wirtschaftsbeziehungen bildet, wenn jeder von uns mit einem angemessenen Verdienst zufrieden ist und nicht mehr danach strebt, seinen Gewinn auf Kosten anderer zu maximieren, werden die Preise von Erzeugnissen und Dienstleistungen fast auf die Höhe der Produktionskosten sinken. Heute sind die Preise vieler Waren und Dienstleistungen zu hoch, da jedes Glied der Handelskette bestrebt ist, den größtmöglichen Gewinn zu erzielen.

Wird gegenseitige Verantwortung in Kommunikations-Netzwerken und in der öffentlichen Diskussion wertgeschätzt, wird das Firmen dazu bewegen, das öffentliche Interesse in ihren Gleichungen zu berücksichtigen. Dies wird das Leben für uns alle erschwinglicher machen.

Die ersten Anzeichen einer Tendenz zur Kostensenkung treten bereits auf. Soziale Unruhen bringen Handwerker dazu, die Preise ihrer Produkte und Dienstleistungen zu senken. Vorerst sind dies unbeständige, geringfügige und vorübergehende Preisnachlässe, aber die Richtung ist eindeutig. Wenn wir zu einer relativ ausgeglichenen Struktur des Verbrauchs übergehen, werden sowohl die Nachfrage als auch die Preise sinken. Die Verringerung der Lebenshaltungskosten wird Ungleichheit und soziale Unterschiede ebenfalls reduzieren - einer der Hauptvorteile der Wirtschaft gegenseitiger Fürsorge.

3. Soziale Unterschiede verringern: Einer der grundlegenden Missstände der derzeitigen Weltwirtschaft ist das stetige Anwachsen der Ungleichheit. Dies ist der Hauptantrieb der weltweiten Unruhen, bei denen soziale Gerechtigkeit gefordert wird. Wenn wir einander wie Familienmitglieder behandeln, werden wir Ungleichheit in Bezug auf Mittel oder Chancen unter uns oder anderswo in der Welt nicht dulden. Anstelle von Unruhen und der Angst vor Revolution und Gewalt wird die Wirtschaft gegenseitiger Fürsorge breite Zustimmung finden, da soziale Unterschiede reduziert werden und die Stabilität des Systems erhöht wird.

Die Ungleichheit zu verringern verlangt unter anderem wirtschaftliche und soziale Zugeständnisse von seiten der Großverdiener. Bildung, der Einfluss der Umgebung und effektive Kommunikationsinstrumente - wie der Runde Tisch - werden sicherstellen, dass alle Entscheidungen transparent und mit Fairness getroffen werden und den sozialen und wirtschaftlichen Konsens widerspiegeln. Zum Ausgleich für ihre Zugeständnisse an das Allgemeinwohl werden „Kompromissbereite" mit öffentlicher Anerkennung für ihre Beiträge belohnt werden. Und außerdem werden diejenigen, die Unterstützung und Ressourcen erhalten, ein besseres, würdevolleres Leben führen können. Sie werden die neue Methode auch begrüßen.

4. Eine gründliche Haushaltsreform: Das Einzige, was einen Sinn für soziale Gerechtigkeit und wechselseitige Verantwortung bei jedem Individuum in der Gesellschaft schaffen kann, ist die Überzeugung, dass wir alle im selben Boot sitzen. Dies wird eine gerechtere Arbeitsweise erfordern, im nationalen Budget Schwerpunkte zu setzen, was durch einen breiten Konsens erreicht wird und nicht durch das Gezänk von Lobbyisten und Interessenverbänden.
Eine Wirtschaft, die transparent geführt wird, wird zeigen, wie Entscheidungen getroffen werden, und den Leuten auch ermöglichen, sie zu beeinflussen. Wenn wir ein Gespür für Partnerschaft und Beteiligung entwickeln, empfinden wir nicht länger negative Emotionen wie die Frustration, die derzeit unter den politischen Entscheidungsträgern grassiert. Das wird den Menschen erlauben, Entscheidungen zuzustimmen und sie zu unterstützen, selbst wenn einige nicht populär sind. Die Befriedigung, wie eine Familie zu handeln, die Entscheidungen am Runden Tisch trifft, wird uns zu gegenseitigen Zugeständnissen ermutigen.

5. Den finanziellen Kuchen vergrößern: Wenn sich jeder Bürger, jedes Geschäft und jede Regierung als Teil der globalen Familie fühlt, wird es viele Extras in Form von Geld, Gütern, Dienstleistungen, Staats- und Gemeindebudgets und sogar in unseren Geldbeuteln geben. Wie viele Dinge haben wir zu Hause, die wir nie brauchen. Wir können unsere überflüssigen Nahrungsmittel und Kleider den Armen geben und die finanziellen Extras in Fonds einzahlen, um die Grundbedürfnisse der Notleidenden zu sichern. Dies würde das Budgetdefizit nicht erhöhen oder zusätzliche Steuergelder benötigen.

Wir schlagen jedoch Wohltätigkeit nicht als Lösung vor, obwohl sie Ausdruck eines solidarischen gemeinschaftlichen Lebens und gegenseitiger Hilfestellung ist. Wir sprechen vielmehr über die Wirksamkeit. Laut einem CNN-Bericht werden jedes Jahr 30 Prozent aller auf der Welt produzierten Nahrungsmittel weggeworfen oder gehen verloren. Das sind nach einem Bericht der *UN Food and Agriculture Organization* 1,3 Milliarden Tonnen.[89]

Warum erhalten Länder, in welchen die Menschen hungern, diese Überschüsse nicht? Die Antwort ist kurz – Interessen. Den Überschuss zu verteilen bedeutet, das Angebot zu erhöhen, was die Preise drücken würde. Dies wiederum verringert den Profit der Nahrungsmittelerzeuger und -händler. In einer Wirtschaft der gegenseitigen Fürsorge wäre eine solche Situation undenkbar. Wie könnten wir Nahrungsmittel wegwerfen, wenn einige Familienmitglieder hungerten?

Das ist nur ein Beispiel. Weitere Beispiele finden Sie im Kapitel *Überfluss und mehr Wohlstand für das Volk* in *Benefits of the New Economy*.

6. Verbesserung der Beziehungen zwischen Arbeitnehmer und Arbeitgeber sowie der Beziehungen zwischen Unternehmen und Regierungen: Verhaltenspsychologische Untersuchungen zeigen, dass vermögende Menschen Respekt über Geld stellen. Dennoch werden Geschäftsführer und Konzerne ausschließlich nach ihren Gewinnen bewertet.

Höhere Profite bedeuten ein besseres Ranking bei den Ratingagenturen oder auch das Erscheinen in der Liste der „Weltweit erfolgreichsten Geschäftsleute des Jahres".
Das beste Beispiel für eine engstirnige, egozentrische Politik der Gewinnmaximierung ist wohl der US-amerikanische Arbeitsmarkt. Warum es trotz wachsender Wirtschaft in Amerika nicht mehr Jobs gibt, liegt daran, dass Unternehmen es vorziehen, die Zahl der Überstunden ihrer Mitarbeiter zu erhöhen oder Teilzeitkräfte zu Vollzeitkräften zu machen, anstatt neue Arbeitssuchende einzustellen.
Heutzutage erscheinen solche Überlegungen logisch, aber in einer Wirtschaft der gegenseitigen Fürsorge wäre das Ziel, dass viele oder alle Menschen von der Wirtschaft profitieren und sich nicht nur wenige die Profite teilen. Ähnliche Verbesserungen ergäben sich auch in den Beziehungen zwischen Unternehmen und Regierung bzw. Steuerbehörden, was zu faireren Steuern und weniger Steuerhinterziehung führen würde.

7. Stabilität und Langzeitlösungen: Die neue Wirtschaft wird sich auf Werte der gegenseitigen Fürsorge gründen und notwendigerweise mit der heutigen globalen Interdependenz im Einklang stehen. Ein solches Wirtschaftsmodell, das Harmonie und Gleichgewicht in das global-integrale Netzwerk bringt, wird stabiler und nachhaltiger sein als alle vorher existierenden Modelle. Es würde sich an die Umgebung und die Ressourcen anpassen und einen breiten Konsens zwischen allen beteiligten Elementen schaffen: Menschen, Unternehmen und Regierungen. Eine ausgeglichene Wirtschaft, welche sich freundlich zu Mensch und Natur verhält, ermöglicht jedem Individuum, in Würde zu leben und ausreichende Ressourcen zum Leben zur Verfügung zu haben. Und im Gegenzug wird jeder Mensch zu allem beitragen wollen.

8. Sicherheit: Der Übergang zur neuen Wirtschaft wird schrittweise erfolgen. Zuerst wird es eine Dynamik von Veränderungen und Hoffnung geben, einen neuen „Spirit“ in der Gesellschaft und ein Gefühl des Zusammenhalts und der persönlichen Sicherheit. Die derzeitige Angst vor Ausbeutung wird Zugeständnissen und Großzügigkeit auf vielen Gebieten Platz machen – wie beispielsweise günstigere Wohnungspreise, arbeitnehmerfreundliche Arbeitsverträge, eine schlankere Bürokratie, die wirklich dem öffentlichen Interesse dient, fairere Banken und Dienstleister, die Services zu vernünftigen Preisen anbieten. Kurzum: Menschen werden sich in ihren zwischenmenschlichen Beziehungen sicher fühlen, was in Zeiten wie heute so bitter nötig ist und mit Geld nicht gekauft werden kann.

9. Wahres Glück: Die neue Wirtschaft wird uns eine Erfüllung bringen, die nicht mit Geld zu bezahlen ist. Wie im Buch *Benefits of the New Economy* beschrieben, bringt ein höheres Einkommen ab einem bestimmten Niveau keinen Zuwachs an Wohlbefinden oder Glück. Vielmehr erlangen Menschen durch erfolgreiche Beziehungen, Vertrauen und Selbsterfüllung mehr Befriedigung. Die neue Wirtschaft und ihre Vorteile sind solide und stabil, weil sie im Einklang mit den Gesetzen der gegenseitigen Fürsorge stehen. Dies begünstigt einen Entscheidungsfindungsprozess, der auf einer breiten Basis steht.

10. Ein geeigneter Prozess zur Entscheidungsfindung: Durch die Transparenz der neuen Wirtschaft wird jeder nachvollziehen können, wie Entscheidungen zustande kommen, und auch Einfluss darauf haben. Das ist die beste Möglichkeit, einen praktikablen Vorgang zur Entscheidungsfindung zu etablieren, welcher den Menschen das Gefühl vermittelt, dass Entscheidungen sowohl fair als auch unvoreingenommen und unter *Rücksichtnahme auf die Bedürfnisse aller* getroffen wurden. Das wird auch die Stabilität des sozioökonomischen Systems steigern.

11. Wirtschaftliche und finanzielle Stabilität: Die Geldmärkte haben sich zu einem Kampfplatz für aggressive globale Spieler entwickelt, die mittlerweile die Macht haben, die Weltwirtschaft nach ihrem Belieben zu lenken, um Profite in Rekordhöhe ohne Rücksicht auf die Bonität des Systems einzuheimsen. Eine Wirtschaft der gegenseitigen Fürsorge wird verhindern, dass Geldmärkte immer wieder finanzielle Blasen mit katastrophalen Auswirkungen auf die Realwirtschaft bilden.

12. Ausgeglichener Konsum: Der exzessive Konsum ist seit Langem ein Schlüsselelement der Weltwirtschaft und beeinflusst maßgeblich unser Leben. In der Wirtschaft der gegenseitigen Fürsorge wird sich allmählich ein maßvoller Konsum einstellen. Der Prozess hat eigentlich dank der Krise und des langsam einsetzenden Paradigmenwechsel bereits begonnen. Von Wettbewerb, Verschwendung und ungerechter Verteilung geht der Trend hin zu einer ausgeglichenen, funktionellen Wirtschaft, deren Ziel die Sicherung der Grundbedürfnisse aller ist. Werbesendungen und andere Formen des gesellschaftlichen Drucks, die uns davon zu überzeugen versuchen, überflüssige Produkte oder Dienstleistungen erwerben zu müssen, werden genauso wie zahlreiche überflüssige Marken verschwinden. Stattdessen wird das Bedürfnis, der Gesellschaft etwas zu geben und an der Gesellschaft teilzunehmen, wachsen und auf diese Weise die Menschen erfüllen und stolz machen. Wenn die Nachfrage fällt, fallen auch die Preise und ein vernünftiger, würdevoller Lebensstil wird für alle möglich. Unternehmen werden nur das erzeugen, was für ein bequemes und ausgeglichenes Leben notwendig ist.

13. Globale Harmonie: Der Übergang vom exzessiven Konsum zum ausgeglichenen Einkauf wird uns zeigen, dass die Erde über genügend Ressourcen verfügt, um uns alle noch lange zu versorgen. Die Ausbeutung der natürlichen Ressourcen wird aufhören, und wir werden entdecken, auf welch wundervolle Weise sich die Erde regenerieren kann.
Die Stabilität der gemeinsamen Wirtschaft gründet sich auf starken sozialen Zusammenhalt und gegenseitige Fürsorge. Diese Stabilität erfordert von uns zu verstehen, dass gegenseitige Abhängigkeit und unser soziales und wirtschaftliches Handeln eine „Adaptierung" unserer menschlichen Beziehungen benötigen, damit ein einziges, harmonisches System entstehen kann. Dieses wird in der Folge die Bedürfnisse der ganzen Menschheit decken; auf diese Weise wird jeder den Mut fassen und auch die Möglichkeit haben, sein Potenzial in vollem Umfang zu verwirklichen.

GEGENSEITIGE FÜRSORGE – BILDUNGS-PRINZIPIEN

Die Bildung befindet sich weltweit in einer Krise. Unmotivierte Kinder, schlechte Noten, Gewalt und Ruhestörung zeigen, dass die Bildungssysteme in vielen Ländern versagen.

Manche dieser Probleme entspringen der derzeitigen Struktur des Bildungssystems und seiner Unfähigkeit, sich an die modernen Anforderungen anzupassen. Eine Veränderung ist unbedingt notwendig, besonders weil sich seit Einführung der Schulsysteme im Rahmen der Industriellen Revolution vor 200 Jahren nicht viel geändert hat. Überfüllte Klassenräume, Kinder an Schulbänken, die für die gesamte Unterrichtsstunde stillsitzen müssen, kurze Pausen und Unmengen an nutzlosen Informationen, die man sich aneignen muss, sind noch immer die Norm. Als die Schule als solche eingeführt wurde, ging es größtenteils darum, Massen von Menschen durch Unterricht zu Arbeitern zu machen, die in der Lage waren, Fließbänder zu bedienen bzw. Fließbandarbeit zu verrichten.

So sind die derzeitigen Strukturen das Spiegelbild eines mittlerweile verstaubten Bildungskonzeptes. Die *Encyclopaedia Britannica* definiert Bildung wie folgt: „Bildung kann als

Übermittlung der Werte und des kumulierten Wissens einer Gesellschaft betrachtet werden. Dies entspricht dem, was Sozialwissenschaftler unter Sozialisierung und Anpassung an die Kultur verstehen. Kinder werden ohne Kultur geboren, erst die Bildung dient dazu, ihnen die Kultur ihrer Umgebung, die entsprechenden Verhaltensweisen auf dem Weg zum Erwachsenwerden und ihre Rolle in der Gesellschaft zu vermitteln."[91]

Schulen rüsten Schüler mit Fähigkeiten aus, mit Hilfe derer sie ihre Ausbildung an Colleges oder Universitäten weiter vertiefen, sich aber nicht – im tieferen Sinne des Wortes – *bilden* können.

Bildung, so wie sie hier beschrieben wurde, soll nicht nur Wissen vermitteln, sondern sie stellt einen Prozess dar, die Persönlichkeit und das Verhalten jedes Menschen zu bilden. Der Lernende muss begreifen, wie er mit seinem Leben zurechtkommen und erfolgreich sein kann. Reines Auswendiglernen und Wiedergeben von Informationen sind für die heutige Realität völlig irrelevant.

Angesichts des oben Gesagten wird klar, dass eine grundlegende Änderung der Bildungspolitik nottut. Wir müssen uns den Herausforderungen der modernen Welt stellen und prüfen, ob die heutigen, teilweise modernisierten Bildungssysteme diesen Herausforderungen gerecht werden.

Die Welt wurde gesellschaftlich, politisch und wirtschaftlich zu einem globalen Dorf. Von dem Augenblick an, an dem wir uns immer mehr vernetzt haben, verloren wir auch die Möglichkeit, unsere Leben weiter im Sinne narzisstischer Neigungen und ohne Rücksicht auf andere zu führen. Diese Werte waren früher vielleicht hilfreich, doch heute, da die Menschheit integral verbunden ist, gelten dieselben Regeln, die auch auf alle anderen integralen Systeme der Natur zur Anwendung kommen.

Der menschliche Körper ist ein Beispiel für so ein integrales System. Die Kooperation und Harmonie aller Zellen und Organe sind die Voraussetzung für die Gesundheit eines Organismus. Jede Zelle und jedes Organ arbeitet für die Interessen dieses Gesamtorganismus. Die Harmonie dieser Bestandteile macht den Körper zu einer erstaunlichen Maschine, die im Gegenzug die Gesunderhaltung ihrer Bestandteile garantiert.

Die Art, wie Zellen in unserem Körper arbeiten, ist beispielhaft für das Gesetz der gegenseitigen Fürsorge und Wechselseitigkeit, welche auf alle multilateralen Verbindungen in der Natur anwendbar sind. Die Nachhaltigkeit des Systems hängt von den reziproken Beziehungen zwischen den Elementen dar, aus denen es besteht.

Solange wir uns aber egoistisch zueinander verhalten, handeln wir auch den Gesetzen der Natur entgegen. Wir verhalten uns dann wie Zellen, die ausschließlich für sich selbst arbeiten, was uns medizinisch gesprochen zu einem Krebsgeschwür macht. Und das Resultat zeigt sich in Form einer vielschichtigen, globalen Krise.

Um dieser Krise zu entkommen, müssen wir unser Beziehungs-Netzwerk anpassen und es ebenfalls global machen. Jeder muss die Natur der Welt, in der wir leben, erkennen und verstehen, dass im 21. Jahrhundert das Leben jedes Menschen von seiner Einstellung zu anderen abhängt. Daher müssen wir die Menschen dazu erziehen, sensibel für die Bedürfnisse der Mitmenschen zu werden und verantwortungsvoll und fürsorglich mit der Welt umzugehen.

Daraus folgt, dass die Welt des 21. Jahrhunderts nicht nur eine ökonomische oder politische Lösung ihrer Probleme braucht, sondern auch eine didaktische und aufklärerische. Zahlreiche Studien und Bücher beweisen bereits, dass die Persönlichkeit eines Menschen hauptsächlich durch seine Umgebung geprägt wird. Um daher ein Kind wirklich „erziehen“ zu können, muss es in einer dafür geeigneten Umgebung aufwachsen, die es mit den richtigen Werten versorgt, und daher müssen wir eine andere soziale Umgebung für unsere Kinder schaffen.

Kinder müssen in dem Verständnis aufwachsen, dass Egoismus - also Genuss auf Kosten anderer - der Hauptgrund für das Leid in der Erwachsenenwelt ist. Gleichzeitig müssen wir unseren Kindern zeigen - und dies mit unterschiedlichen Lehrmethoden -, dass Beziehungen, die sich auf gegenseitige Fürsorge, Toleranz und Verständnis gründen, die Harmonie im Leben und seinen Bestand sichern.

Zehn Prinzipien der globalen Erziehung

1. Die soziale Umgebung bildet den Menschen. Daher müssen wir unter den Kindern eine „Mini-Gesellschaft" schaffen, in der sich jeder um jeden kümmert. In einer solchen Umgebung wird ein Kind nicht nur aufblühen und in der Verwirklichung seines Potenzials Erfolg haben, sondern mit Sensibilität an das Leben herangehen und sich wünschen, solch eine Umgebung auch außerhalb der Schule zu schaffen.

2. Vorbilder: Kinder lernen an den Beispielen, die wir ihnen geben, sowohl persönlich - von Eltern und Pädagogen - wie auch durch Medien und Einflussfaktoren der Umgebung, welchen sie ausgesetzt sind.

3. Gleichheit: Erzieher statt Lehrer. Obwohl der Erzieher älter ist, soll er von den Kindern als „einer von ihnen" - als Kollege - betrachtet werden. So kann der Pädagoge die Kinder stufenweise - in jedem Aspekt des Studiums (den Lehrstoff betreffend, aber auch moralisch und sozial) -

entwickeln. Kinder und Erzieher sitzen im Klassenzimmer in einem Kreis und behandeln einander als gleichwertig.

4. Lernen durch Spiele: Durch Spielen wachsen die Kinder, vertiefen ihr Verständnis dafür, wie Dinge zusammenhängen, und lernen dabei die Welt kennen. Und Kinder lernen nicht durch Worte, sondern durch Erfahrung. Spiele sind daher eine probate Methode, mit Kindern zu arbeiten. Sinnvolle Spiele vermitteln den Kindern, dass sie in der Gemeinschaft erfolgreicher sein können als allein – dass sie mit Hilfe der anderen mehr erreichen können und daher auch zu Kompromissen und Konzessionen bereit sein müssen. Dadurch erfahren Kinder auch, wie bedeutungsvoll eine gute soziale Umgebung für alle Menschen ist.

5. Wöchentliche Ausflüge: Abhängig vom Alter sollte ein wöchentlicher Ausflug auf dem Programm stehen, wie zum Beispiel ein Besuch eines Parks, eines Zoos, von Fabriken oder von landwirtschaftlichen Betrieben. Die Kinder sollen dabei lernen, wie ihr Leben durch die Arbeit der unterschiedlichen Einrichtungen wie Post, Gericht, Bank, Ämter, Spitäler oder Altenheime beeinflusst wird. Vor und nach den Ausflügen soll es Gespräche geben, die die Kinder auf den Besuch vorbereiten bzw. zusammentragen, was sie beeindruckt hat und wie die Besuche auf sie gewirkt haben. Erwartungen und Schlussfolgerungen sollen miteinander verglichen werden.

6. Größere unterrichten Kleinere: Die größeren Kinder nehmen sich der kleineren an – auf diese Weise fühlt sich jeder als Teil des Lernprozesses und bekommt notwendiges Rüstzeug für die Kommunikation mit dem jeweils anderen.

7. „Kleiner Gerichtshof": Als Teil des Lernprozesses sollen Kinder auch die Möglichkeit haben, Situationen aus dem Alltag nachzuspielen, in welchen Neid, Macht, Streitereien, Lügen usw. eine Rolle spielen. Kinder sollen versuchen, solche Situationen zu analysieren. Dadurch werden sie lernen, verständnisvoll und sensibel gegenüber anderen zu werden. Sie lernen zu verstehen, dass andere auch im Recht sein können, selbst wenn deren Standpunkt momentan nicht akzeptiert werden kann. Sie werden sehen, dass es ihnen am nächsten Tag gleich ergehen könnte, dass jeder Mensch und jede Ansicht auf dieser Welt ihren Platz haben und jeder dies mit Toleranz betrachten soll.

8. Video-Aufnahmen: Aktivitäten sollen mittels Video aufgenommen werden, um sie später gemeinsam mit den Kindern zu analysieren. Auf diese Weise können Kinder ihre eigenen Aktionen und Reaktionen in bestimmten Situationen sehen. Veränderungen im Verhalten und eigene Entwicklung wird so für sie transparent und ermöglich ihnen eine interessante Innenschau. Kinder gewöhnen sich nebenbei gesagt auch sehr schnell an die Präsenz einer Videokamera.

9. Kleingruppen mit mehreren Erziehern: Für eine Schülergruppe aus zehn Mitgliedern sind auf jeden Fall zwei Erzieher empfohlen und ein Mediator, der alle unterstützt.

10. Eltern-Unterstützung: Eltern müssen den Lern- und Erziehungsprozess in der Schule unterstützen. Sie sollten daher den Kindern die Wichtigkeit der in der Schule vermittelten Werte bewusst machen, ein persönliches Vorbild sein und sich auch selbst entsprechend dieser Werte verhalten. Um dies zu erleichtern, soll es auch Weiterbildungskurse für Eltern geben.

Zusammenarbeit mit der UNSECO

Die Methode der globalen Erziehung wurde von der Generaldirektorin der UNESCO, Irina Bokova, freudig begrüßt. Zurzeit entsteht ein gemeinsames Buch von UNESCO und ARI zur globalen Erziehung, und man plant nach mehreren vorangegangenen Treffen weitere internationale Konferenzen für die Zukunft.

Über das ARI Institut

Firmenphilosophie – Mission Statement

Das ARI Institut ist eine Non-Profit-Organisation, die sich der Förderung von positiven Veränderungen in Bildungspolitik und -praxis durch innovative Ideen und Lösungen für die dringlichsten Probleme unserer Zeit widmet. ARI stellt eine neue Art des Denkens vor, indem die Vorzüge des Erkennens und Anwendens der Gesetze einer voneinander abhängigen und integralen Welt erklärt werden.

Durch seine Netzwerke, seine Aktivitäten und multimediale Quellen fördert ARI internationale und interdisziplinäre Zusammenarbeit.

Was wir tun

Wir fördern den Dialog über die weltweite Krise als eine Chance, eine positive Veränderung des globalen Denkens über die Erziehung zukünftiger Generationen zu ermöglichen, um die massiven Veränderungen in Klima, Wirtschaft und geopolitischen Beziehungen zu bewältigen. Unsere Botschaft und unsere Materialien sind für alle verfügbar, unabhängig von Alter, Geschlecht, Religion, politischen oder kulturellen Erwägungen.

Unsere Materialien basieren auf alter und zeitgenössischer Weisheit, die das integrale und globale System von Naturgesetzen offenbart, die sich in der heutigen Gesellschaft manifestieren. Das Institut verpflichtet sich, sein Wissen durch die von ihm etablierten Multimedia-Kanäle auf internationaler Ebene zu teilen, um das Bewusstsein dafür zu erhöhen, menschliche Beziehungen mit gegenseitiger Verantwortung und persönlicher Beteiligung zu führen.

Unsere Werte

Wir alle leben in schwierigen Zeiten und werden mit Krisen auf allen Ebenen unserer Existenz konfrontiert. Diese Krisen treten auf, weil die Menschheit nicht in der Lage ist, ihre Verbundenheit und gegenseitige Abhängigkeit wahrzunehmen. Indem wir durch ein breit gefächertes Medienangebot Informationen für die Öffentlichkeit bereitstellen, können wir als Katalysator dienen, um das menschliche Verhalten in Richtung Nachhaltigkeit zu verändern. Unser Ziel ist es, eine Lösung für die gegenwärtige globale Krise anzubieten, indem wir unsere einzigartigen Bildungsmaterialen bereitstellen und weltweit durch Medienkanäle präsentieren.

Durch umfangreiche Forschung und öffentliche Aktivitäten bietet ARI ein konsistentes Verständnis für die natürliche Entwicklung der Ereignisse und die gesellschaftlichen Probleme, die zum aktuellen Zustand der globalen und integralen Welt geführt haben. Darüber hinaus erweitern wir unsere Online-Umgebung für Kinder, damit sie an Lernprozessen teilnehmen können, die sie dazu ermutigen, tolerant und rücksichtsvoll zu sein. Sie sollen zu verantwortungsvollen Menschen werden und sich als Weltbürger fühlen.

In dieser internetbasierten Umgebung können Kinder gemeinsam an Aktivitäten teilnehmen, die simultan überall auf der Welt ausgestrahlt werden, was ihnen dabei hilft, die globale Welt zu verstehen. Wir glauben, dass dieses Umfeld eine ganze Generation von Kindern tief greifend verändern kann, indem es sie zu verantwortungsbewussten Weltbürgern macht und damit einen Wendepunkt in der derzeitigen, destruktiven Verhaltensweise der Menschheit einleitet.

Wie stehen wir zur Bildung?

Die neue Generation lebt in einer völlig neuen Welt und steht vor noch nie dagewesenen Herausforderungen. Wenn wir uns auf ihre Bedürfnisse konzentrieren, können wir erheblich dazu beitragen, Probleme wie Drogenmissbrauch, Gewalt und die zunehmende Quote der Schulabbrecher zu behandeln – Themen, von denen wir meinen, dass sie von den meisten aktuellen Bildungssystemen nicht erfolgreich behandelt werden.

Wie stehen wir zur Wirtschaft?

Die Krise ist nicht finanziell, wirtschaftlich oder ökologisch. Vielmehr ist es eine globale Krise, die die gesamte menschliche Zivilisation und alle Bereiche des Lebens umfasst. Deshalb müssen wir sie an ihrer Wurzel – unserer egozentrischen Natur – packen und das Problem gemeinsam angehen.

Wir glauben, dass eine oberflächliche Veränderung in der Gesellschaft nicht zu einer dauerhaften Lösung führt. Zuerst müssen wir die Beziehungen zwischen uns verändern, von

Egozentrik zu Altruismus gelangen. Dies ist das Prinzip aller integralen Systeme, zu welchen letztlich auch die menschliche Gesellschaft gehört.

UNSERE AKTIVITÄTEN

Fernseh- und Video-Produktionen

ARI Films (**www.arifilms.tv**) ist die Abteilung für Film und Fernsehen, ein höchst erfolgreiches, junges und dynamisches Produktionsunternehmen, das auf Content-Services für Internet-, Kabel- und Satelliten-TV-Sender spezialisiert ist. ARI Films produziert verschiedene Bildungs- und Dokumentarfilme, Doku-Dramen und Talkshow-Reihen sowie maßgeschneiderte Produktionen. Das ARI-Films-Team besteht aus erfahrenen Fachleuten aus vielen Bereichen wie Video-Editoren, Animatoren, Kameraleuten, Drehbuchautoren, Produzenten und Regisseuren.

Internationale Foren

ARI veranstaltet regelmäßig internationale Foren für ein großes Publikum auf der ganzen Welt, mit spannenden Vorträgen und Workshops. Diese Foren werden live über das Internet und über Kabel- und Satelliten-TV-Netze übertragen.

Das Citizens of the Future Education Center und Netzwerk

Citizens of the Future ist ein gemeinnütziger Bildungsverein, gegründet unter der Schirmherrschaft von ARI, mit dem Ziel, Kindern, Jugendlichen und Eltern eine Online-Lernumgebung zur Verfügung zu stellen, die gerade in diesen Zeiten so wichtige Werte wie Liebe und Fürsorge für andere fördert. Wir glauben, dass Kinder, die diese Werte erwerben und sich an sie halten, ein Leben voller Glück, Freude und Selbstverwirklichung führen können. Um diese Ziele zu erreichen, arbeitet Citizens of the Future auf mehreren Ebenen:

Netzwerk von Kinder-Bildungszentren

Citizens of the Future-Bildungszentren entwickeln die Methode für die „Bildung von Menschen" und setzen dies in der Praxis um. Hier wird eine liebevolle und unterstützende Umgebung für Kinder aufgebaut. Die Tätigkeiten umfassen:

- Aktivitäten und Spiele, welche die Verbindung zwischen den Kindern fördern;
- Diskussionen über die Natur im Allgemeinen und die menschliche Natur im Besonderen;
- Ergänzende Kurse zu verschiedenen Themen der Schule;
- Erarbeitung der notwendigen sozialen Fähigkeiten für zwischenmenschliche Kommunikation und Kommunikation in der Gruppe;
- Ausflüge zu Museen, Parks, Naturschutzgebieten, Gerichtsgebäuden und vielen weiteren Orten und Einrichtungen, die dabei helfen, die Kinder mit den Systemen, die unser Leben beeinflussen, vertraut zu machen;

- Dokumentation der Aktivitäten und der Vorbereitung strukturierter Anleitungen für Lehrer, um diese innovative Bildungsmethode in der ganzen Welt zu verbreiten.

NIFLA-Jugendbewegung

Die Jugendbewegung NIFLA entstand aus der Notwendigkeit, eine unterstützende und liebevolle Umgebung für die Jugend im Alter von 12 bis 18 Jahren in Israel und der ganzen Welt bereitzustellen, um die Werte der gegenseitigen Rücksichtnahme und Liebe zu fördern. Dieser gesellschaftliche Rahmen ist eine direkte Erweiterung des Bildungszentrums Citizens of the Future. Aktivitäten von NIFLA beinhalten:

- Studium der Natur im Allgemeinen und der menschlichen Natur im Besonderen;
- Berufsausbildung;
- Filmschule;
- Kongresse, Reisen und andere Einheit fördernde Aktivitäten;
- Betreuung und Ausbildung von Kindern, um die nächste Generation zu fördern;
- Beratung und Vorbereitung auf das Leben als Erwachsene;
- Entwicklung von Unterrichtsplänen über Liebe zu anderen, die menschliche Natur und die Natur als Ganzes;
- Produktion und Veröffentlichung von Lernprogrammen für Kinder;
- Entwicklung von bildenden Spielen;
- Organisation von Kongressen für Kinder, Eltern und Erzieher.

Über Dr. Michael Laitman, Gründer

Dr. Michael Laitman ist Gründer des ARI-Instituts mit Niederlassungen in ganz Nordamerika, Mittel-und Südamerika, sowie Asien, Afrika und Ost- und Westeuropa. Als Professor für Ontologie und Erkenntnistheorie, mit einem Master of Science-Abschluss in Medizinischer Kybernetik, widmet sich Dr. Laitman der Förderung positiver Veränderungen in der Bildungspolitik und Praxis – durch innovative Ideen und Lösungen für die drängendsten pädagogischen Probleme unserer Zeit. Er führte einen neuen Ansatz zur Bildung ein, der die Gesetze einer voneinander abhängigen und integralen Welt berücksichtigt.

Eine Anleitung zum Leben in einer globalisierten Welt

Dr. Michael Laitman bietet spezifische Richtlinien dafür an, wie man in dem neuen globalen Dorf lebt, das durch die ständig wachsenden technologischen Verbindungen der letzten Jahre entstanden ist. Seine neuen Perspektiven berühren alle Bereiche des menschlichen Lebens: Gesellschaft, Wirtschaft, Umwelt und Bildung. Er skizziert ein neues, globales Bildungssystem, das auf universellen Werten beruht, und eine zusammenhaltende Gesellschaft in unserer immer enger verknüpften Realität schaffen soll.

Mit Frau Irina Bokova, der Generaldirektorin der UNESCO, sprach er über aktuelle weltweite Probleme der Bildung und seine Vision für deren Lösung. Dieses entscheidende globale Thema ist Teil des großen Wandels. Dr. Laitman betont die Dringlichkeit, sich der neuen zur Verfügung stehenden Kommunikationsmittel zu bedienen. Dabei sind die einzigartigen

Ansprüche der heutigen Jugend besonders zu berücksichtigen, damit sie auf das Leben in einer dynamischen, globalen Welt optimal vorbereitet sind.

In den vergangenen Jahren arbeitete Dr. Laitman mit vielen internationalen Institutionen zusammen und nahm an mehreren internationalen Veranstaltungen mit dem *World Wisdom Council* und der *Goi Peace Foundation* in Tokyo, Arosa (Schweiz) und Düsseldorf (Deutschland) und mit dem internationalen Forum der Kulturen in Monterrey (Mexiko) teil. In diesen globalen Foren trug er zu lebendigen Diskussionen zur Weltkrise bei und erläuterte die notwendigen Schritte, um eine positive Veränderung mittels eines erweiterten globalen Bewusstseins zu schaffen.

Laitman wurde unter anderem in folgenden Veröffentlichungen vorgestellt: dem *Il Corriere della Sera*, dem *Chicago Tribune*, dem *Miami Herald*, der *Jerusalem Post*, *The Globe* und auf RAI TV, Bloomberg TV, ORF.

Dr. Laitman verbringt sein gesamtes Leben damit, die menschliche Natur und die Gesellschaft zu erforschen und Antworten auf die Frage nach dem Sinn des Lebens in unserer modernen Welt zu formulieren. Die Kombination seines humanistischen Hintergrundes, seiner Forschungsarbeit im Bereich der Bildung und seine umfangreiche Kenntnis der Kabbala machen ihn zu einem der gesuchtesten Denker und Redner der Zeit. Dr. Laitman hat über 40 Bücher geschrieben, die in 18 Sprachen übersetzt wurden, und verfolgte dabei immer das Ziel, Menschen dabei zu helfen, Harmonie in sich selbst und in ihrer äußeren Umgebung zu erreichen.

Dr. Laitmans wissenschaftlicher Ansatz ermöglicht Menschen aller Kulturen, Nationalitäten und Glaubensrichtungen, sich über ihre Differenzen zu erheben und sich über die globale Botschaft der gegenseitigen Verantwortung und Zusammenarbeit zu vereinigen – egal woher sie kommen.

QUELLENVERZEICHNIS

1 An Address to the 2011 International Finance Forum by Christine Lagarde, Managing Director, International Monetary Fund, Beijing, November 9, 2011 (http://www.imf.org/external/np/speeches/2011/110911.htm)

2 Gordon Brown speaks to the Lord Mayor's Banquet: http://www.labour.org.uk/lord_mayors_banquet

3 D'Vera Cohn, Jeffrey Passel, Wendy Wang and Gretchen Livingston, "Barely Half of U.S. Adults Are Married – A Record Low," Pew Research Center (December 14, 2011), http://www.pewsocialtrends.org/2011/12/14/barely-half-of-u-s-adults-are-married-a-record-low/?src=prc-headline

4 Albert R. Hunt, "A Country of Inmates," The New York Times (November 20, 2011), http://www.nytimes.com/2011/11/21/us/21iht-letter21.html?pagewanted=all

5 Nicholas D. Kristof, "Our Broken Escalator," The New York Times (July 16, 2011), http://www.nytimes.com/2011/07/17/opinion/sunday/17kristof.html?_r=2

6 Richard Vedder and Matthew Denhart, "Why does college cost so much?" CNN (December 2, 2011), http://edition.cnn.com/2011/12/02/opinion/vedder-college-costs/index.html

7 National Rifle Association Institute for Legislative Action, "Firearm Fact Card 2011," http://www.nraila.org/Issues/FactSheets/Read.aspx?ID=83

8 Carol Cratty, "Gun sales at record levels, according to FBI background checks," CNN (December 28, 2011), http://edition.cnn.com/2011/12/27/us/record-gun-sales/index.html

9 Kate Kelland, "Nearly 40 Percent of Europeans Suffer Mental Illness," Reuters (September 4, 2011), http://www.reuters.com/article/2011/09/04/us-europe-mental-illness idUSTRE7832JJ20110904

10 Toby Helm, "Most Britons believe children will have worse lives than their parents – poll," The Guardian (December 3, 2011), http://www.guardian.co.uk/society/2011/dec/03/britons-children-lives-parents-poll

11 Scott Hamilton, "Roubini: Slowdown Brings Forward New Crisis," Bloomberg (September 6, 2011), http://www.bloomberg.com/news/2011-09-06/roubini-says-global-economic-slowdown-accelerating-next-financial-crisis.html

12 Michael Babad, "George Soros: 'We are on the verge of an economic collapse,'" The Globe and Mail (June 27, 2011), http://www.theglobeandmail.com/report-on-business/top-business-stories/george-soros-we-are-on-the-verge-of-an-economic-collapse/article2076789/

13 James Kirkup, "World facing worst financial crisis in history, Bank of England Governor says," The Telegraph (October 6, 2011), http//www.telegraph.co.uk/finance/financialcrisis/8812260/World-facing-worst-financial-crisis-in-history-Bank-of-England-Governor-says.html

14 Ian Goldin, "Navigating our global future," TED (October 2009), http://www.ted.com/talks/ian_goldin_navigating_our_global_future.html

15 Fareed Zakaria, "Get Out the Wallets: The world needs Americans to spend," Newsweek (August 1, 2009), http://www.newsweek.com/2009/07/31/get-out-the-wallets.html

16 "U.S. Debt Reaches 100 Percent of Country's GDP," Fox News (August 4, 2011), http://www.foxnews.com/politics/2011/08/04/us-debt-reaches-100-percent-countrys-gdp/#ixzz1jIhe6Qly

17 "The Debt to the Penny and Who Holds It," Treasury Direct, http://www.treasurydirect.gov/NP/NPGateway

18 Tim Jackson, "Tim Jackson's economic reality check," TED (October 2010), http://www.ted.com/talks/lang/en/ tim_jackson_s_economic_reality_check.html (min. 06:59)

19 Anthony Giddens, Runaway World: "How Globalization is Reshaping Our Lives," (N.Y., Routledge, 2003), 6-7.

20 Javier Solana and Daniel Innerarity, "The New Grammar of Power," Project Syndicate (July 1, 2011), http://www.project-syndicate.org/commentary/solana10/English)

21 Ludger Kühnhardt, "A Call for the United States to Rediscover Its Ideals," The Globalist (May 24, 2011), http://www.theglobalist.com/storyid.aspx?StoryId=9149

22 Pascal Lamy, "Lamy underlines need for 'unity in our global diversity,'" World Trade Organization (WTO) (June 14, 2011), http://www.wto.org/english/news_e/sppl_e/sppl194_e.htm

23 Gregory Rodriguez, "Rodriguez: Zero-sum games in an interconnected world," Los Angeles Times (August 1, 2011), http://articles.latimes.com/2011/aug/01/opinion/la-oe-rodriguez-zerosum-20110801

24 L'Oeil de La Lettre, "'Think We, Not Me or I'–The Dalai Lama," La Lettre, http://www.lalettredelaphotographie.com/entries/think-we-not-me-or-i-the-dalai-lama

25 Alice Calaprice, "The New Quotable Einstein," (USA: Princeton University Press, 2005), 206.

26 Information extracted from the MIT Haystack Observatory, www.haystack.mit.edu/edu/pcr/.../3%20.../nuclear%20synthesis.pdf.

27 Werner Heisenberg, quoted by Ruth Nanda Anshen in "Biography of an Idea," (Moyer Bell, 1987), 224.

28 G. Tyler Miller, Scott Spoolman, "Living in the Environment: Principles, Connections, and Solutions,"16th Edition (U.S.A., Brooks/Cole, September 24, 2008), 15.

29 Jean M. Twenge and W. Keith Campbell, "The Narcissism Epidemic: Living in the Age of Entitlement (New York: Free Press, A Division of Simon & Schuster, Inc. 2009), 78.

30 Jean M. Twenge and W. Keith Campbell, "The Narcissism Epidemic," 1.

31 Jean M. Twenge and W. Keith Campbell, "The Narcissism Epidemic," 1-2.

32 Fiona Harvey, "World headed for irreversible climate change in five years, IEA warns," The Guardian (November 9, 2011), http://www.guardian.co.uk/environment/2011/nov/09/fossil-fuel-infrastructure-climate-change

33 e360 digest, "Extreme Weather Events Likely Linked to Warming, IPCC Says" (November 1, 2011), http://e360.yale.edu/digest/extreme_weather_events_likely_linked_to_warming_ipcc_says/3195/

34 "Fishing, Why It Matters," WWF, http://www.worldwildlife.org/what/globalmarkets/fishing/whyitmatters.html

35 Ian Sample, "Global food crisis looms as climate change and population growth strip fertile land" (The Guardian, August 31, 2007), http://www.guardian.co.uk/environment/2007/aug/31/climatechange.food

36 "Water, Sanitation and Hygiene," UNICEF (December 21, 2011), http://www.unicef.org/wash/

37 Lester R. Brown, "World on the Edge: How to Prevent Environmental and Economic Collapse," (USA, W. W. Norton & Company, January 6, 2011), 16.

38 Matthew Lee, "Hillary Clinton Raises Alarm on Rising Food Prices," Associated Press (May 6, 2011), published on cnsnews.com, http://cnsnews.com/news/article/hillary-clinton-raises-alarm-rising-food-prices

39 Ramy Inocencio, "World wastes 30% of all food," CNN (May 13, 2011), http://business.blogs.cnn.com/2011/05/13/30-of-all-worlds-food-goes-to-waste/

40 "Ethics And The Global Financial Crisis," interview with Michel Camdessus, uploaded to YouTube by romereports (April 1, 2009), http://www.youtube.com/watch?v=M3q8XFLDWIg

41 Steve Connor, "Warning: Oil supplies are running out fast," The Independent (August 3, 2009), http://www.independent.co.uk/news/science/warning-oil-supplies-are-running-out-fast-1766585.html

42 Quoted in: Laszlo Solymar, Donald Walsh, "Lectures on the electrical properties of materials," "Introduction" (UK, Oxford University Press, 1993), xiii.

43 Martin Luther King, Jr. "Facing the Challenge of a New Age" (December, 1956), http://www.libertynet.org/edcivic/king.html

44 Nicholas A. Christakis, James H. Fowler, Connected: "The Surprising Power of Our Social Networks and How They Shape Our Lives – How Your Friends' Friends' Friends Affect Everything You Feel, Think, and Do," (USA, Little, Brown and Company, January 12, 2011), 305.

45 Maria Konnikova, "Lessons from Sherlock Holmes: The Power of Public Opinion," Scientific American, "Blogs" (September 13, 2011), http://blogs.scientificamerican. com/guestblog/ 2011/09/13/ lessons-from-sherlock-holmes-the-power-of-public-opinion/

46 Kavita Abraham Dowsing, PhD, and James Deane, "The Power of Public Discourse," http://wbi.worldbank.org/wbi/devoutreach/ article/1298/power-public-discourse

47 Wikipedia: http://de.wikipedia.org/wiki/Konformit%C3% A4tsexperiment_von_Asch; 31.12.2013.

48 Magazin der Österreichisch-Israelischen Gesellschaft, 2/2011, Wissenschaft und Forschung, "Sozialer Druck und Gedächtnis" http://www.oeig.at/bilderhg/schalom-augustseptember.pdf

49 Erich Fromm, "Die Kunst des Liebens," autorisierte Übersetzung von Günter Eichel, Ullstein 1979, Seite 31.

50 Eryn Brown, "Violent video games and changes in the brain," Los Angeles Times (November 30, 2011), http://www.latimes.com/ health/boostershots/la-heb-violent-videogame-brain-20111130,0, 6877853.story

51 Martin Buber, philosopher and educator, "A Nation and a World: Essays on current events," trans. from Hebrew: Chaim Ratz (Israel, Zionistic Library Publications, 1964), 220.

52 George Monbiot, "The British boarding school remains a bastion of cruelty," The Guardian (January 16, 2012), http://www.guardian.co.uk/commentisfree/2012/jan/16/boarding-school-bastion-cruelty. Note: While this story addresses the problems of schools in the U.K., the data it gives of the state of Texas schools is no less alarming.

53 Victoria Burnett, "A Job and No Mortgage for All in a Spanish Town," The New York Times (May 25, 2009), http:// www.nytimes.com/2009/05/26/world/europe/26spain.html? pagewanted=all

54 Andy Sernovitz, "Word of Mouth Marketing: How Smart Companies Get People Talking," Revised Edition, (U.S.A. Kaplan Press, February 3, 2009), 4.

55 Clive Thompson, "Are Your Friends Making You Fat?," The New York Times (September 10, 2009), http://www.nytimes.com/2009/09/13/magazine/13contagion-t.html?_r=1&th&emc=th

56 (ibid.)

57 (ibid.)

58 (ibid.)

59 Nicholas Christakis: "The hidden influence of social networks" (a talk, quote taken from minute 17:11), TED 2010, http://www.ted.com/talks/nicholas_christakis_the_hidden_influence_of_social_networks.html

60 "ILO warns of major G20 labour market decline in 2012 and serious jobs shortfall by 2015," International Labor Organization (ILO) (September 26, 2011), http://www.ilo.org/global/about-the-ilo/press-and-media-centre/news/WCMS_163835/lang--en/index.htm

61 Daniel Woolls, "Spain's Unemployment Rate Hits New Eurozone Record Of 21.3 Percent," The Huffington Post (April 29, 2011), http://www.huffingtonpost.com/2011/04/29/span-unemployment-inflation-economy-debt_n_855341.html

62 "Employment Situation Summary," Bureau of Labor Statistics (January 6, 2012), www.bls.gov/news.release/empsit.nr0.htm

63 Felix Salmon, "The global youth unemployment crisis," Reuters (December 22, 2011), http://blogs.reuters.com/felix salmon/2011/12/22/the-global-youth-unemployment-crisis/

64 Ulrich Beck, "The Brave New World of Work," (USA, Polity, 1 edition, January 15, 2000), 2.

65 Thomas L. Friedman, "The Earth is Full," The New York Times (June 7, 2011), http://www.nytimes.com/2011/06/08/opinion/08friedman.html?scp=1&sq=the%20earth%20is%20full%20thomas%20friedman&st=cse

66 Adir Cohen,"The gate of light: Janusz Korczak, the educator and writer who overcame the Holocaust," (USA, Fairleigh Dickinson University Press, Dec 1, 1994), 31.

67 David W. Johnson and Roger T. Johnson, "An Educational Psychology Success Story: Social Interdependence Theory and Cooperative Learning," Educational Researcher 38 (2009): 365, doi: 10.3102/0013189X09339057

68 Johnson and Johnson, "Educational Psychology Success Story," 368.

69 Johnson and Johnson, "Educational Psychology Success Story," 371.

70 (ibid.)

71 For more on education, see Appendix 1: The Mutual Guarantee-Educational Agenda.

72 Christine Lagarde, "The Path Forward – Act Now and Act Together," International Monetary Fund (IMF) (September 23, 2011), http://www.imf.org/external/np/speeches/2011/092311. htm

73 "Minority Rules: Scientists Discover Tipping Point for the Spread of Ideas," SCNARC (July 26, 2011), http://scnarc.rpi.edu/content/minority-rules-scientists-discover-tipping-point-spread-ideas

74 Appears in "The Oneness of Mind," as translated in Quantum Questions: Mystical Writings of the World's Great Physicists, edited by Ken Wilber (USA, Shambhala Publications, Inc., Revised edition, April 10, 2001), 87.

75 Mohamed A. El-Erian, "The Anatomy of Global Economic Uncertainty," Project Syndicate (November 18, 2011), http://www.project-syndicate.org/commentary/elerian11/English

76 Efrat Peretz, "We Must Prepare for a World of Equal Revenue Sharing," trans. Chaim Ratz, Globes (October 18, 2011), http://www.globes.co.il/news/article.aspx?QUID=1057, U1319062129813&did=1000691044

77 Dr. Joseph E. Stiglitz, "Imagining an Economics that Works: Crisis, Contagion and the Need for a New Paradigm," The New Palgrave Dictionary of Economics Online (min 1:36), http://www.dictionaryofeconomics.com/resources/news_lindau_meeting

78 "Fischer on Fed's Toolbox," CNBC Video (August 25, 2011), http://video.cnbc.com/gallery/?video=3000041703#eyJ2aW
QiOiIzMDAwMDQxNzAzIiwiZW5jVmlkIjoiZ2FJT0RCZ
mJpdmhYQzZZNUxTNTZwdz09IiwidlRhYiI6ImluZm8iLCJ2UGF
nZSI6MSwiZ05hdiI6WyLCoExhdGVzdCBWaWRlbyJdLCJnU2V
jdCI6IkFMTCIsImdQYWdlIjoiMSIsInN5bSI6IiIsInNlYXJja
CI6IiJ9 (min 2:50)

79 Hal R. Arkes and Catherine Blumer, "The Psychology of Sunk Cost," Organizational Behavior and Human Decision Processes 35, 124-140 (1985), http://www.google.com/url?sa=t&rct=j&q=&esrc=s&source=web&cd=1&sqi=2&ved=0CCUQFjAA&url=http%3A%2F%2Fcommonsenseatheism.com%2Fwp-content%2Fuploads%2F2011%2F09%2FArkes-Blumer-The-psychology-of-sunk-cost.pdf&ei=Uy4cT8v1KdDsOci89JkL&usg=AFQjCNFE8XVozdwg8RW_kdmY2LfgvVMDZQ&sig2=2NzX5HvZjbct06MbtqPqXw

80 Richard McGill Murphy, "Why Doing Good Is Good for Business," CNN Money (February 2, 2010), money.cnn.com/2010/02/01/news/companies/dov_seidman_lrn.fortune/

81 Thomas L. Friedman, "A Theory of Everything (Sort Of)," The York Times (August 13, 2011), http://www.nytimes.com/2011/08/14/opinion/sunday/Friedman-a-theory-of-everyting-sort-of.html?_r=1

82 Nouriel Roubini, "ROUBINI: Ignore The Recent Economic Data – There's Still More Than A 50% Chance Of Recession," Bussiness Insider (October 25, 2011), http://articles.businessinsider.com/2011-10-25/markets/30318837_1_ double- dip-recession-eurozone-ecri

83 Amiel Ungar, "Polish Finance Minister Warns of War if EU Collapses," Arutz Sheva (September 16, 2011), http://www.israelnationalnews.com/News/News.aspx/147945#.TrUbyPSArqE

84 Sebastian Boyd, "Chilean Peso Advances After Merkel Urges Firewall Around Greece," Bloomberg (September 26, 2011), http://www.businessweek.com/news/2011-09-26/chilean-peso-advances-after-merkel-urges-firewall-around-greece.html

85 Simon Kennedy, Rich Miller and Gabi Thesing, "Pimco sees Europe sliding into recession," Financial Post (September 26, 2011), http://business.financialpost.com/2011/09/26/pimco-sees-europe-sliding-into-recession/

86 Perhaps the most notable examples are the studies published in the book, "Connected: The Surprising Power of Our Social Networks and How They Shape Our Lives – How Your Friends' Friends' Friends Affect Everything You Feel, Think, and Do," by Dr. Nicholas A. Christakis and Prof. James Fowler:

- Christakis, N. A.; Fowler, J. H. (22 May 2008). "The Collective Dynamics of Smoking in a Large Social Network" (PDF). NewEngland Journal of Medicine 358 (21): 2249–2258.
- Christakis, N. A.; Fowler, J. H. (26 July 2007). "The Spread of Obesity in a Large Social Network Over 32 Years" (PDF). New England Journal of Medicine 357 (4): 370–379.
- Fowler, J. H.; Christakis, N. A (3 January 2009). "Dynamic Spread of Happiness in a Large Social Network: Longitudinal Analysis Over 20 Years in the Framingham Heart Study" (PDF). British Medical Journal 337 (768): a2338.doi:10.1136/ bmj.a2338. PMC 2600606. PMID 19056788.
- Christakis, N. A.; Fowler, J. H. (26 July 2007). "The Spread of Obesity in a Large Social Network Over 32 Years" (PDF). New England Journal of Medicine 357 (4): 370–379.

87 "Average credit card debt per household with credit card debt: $15,799." By: Ben Woolsey and Matt Schulz, "Credit card statistics, industry facts, debt statistics," CreditCards.com, http://www.creditcards.com/credit-card-news/credit-card-industry-facts-personal-debt-statistics-1276.php#Credit-card-debt

88 "The average British adult already owes £ 29,500, about 123 per cent of average earnings." By: Jeff Randall, "The debt trap time bomb," The Telegraph (October 31, 2011), http://www.telegraph.co.uk/finance/comment/jeffrandall/8859082/The-debt-trap-time-bomb.html

89 Ramy Inocencio, "World wastes 30% of all food," CNN Business 360 (May 13, 2011), http://business.blogs.cnn.com/2011/05/13/30-of-all-worlds-food-goes-to-waste/

90 Tay, L., & Diener, E., "Needs and subjective well-being around the world," Journal of Personality and Social Psychology (2011), 101(2), 354-365. doi:10.1037/a0023779

91 "Education," Encyclopædia Britannica, http://www.britannica.com/EBchecked/topic/179408/education

92 Probably the most notable example of the influence of the social environment on our psyche and even our physical well-being is the book, "Connected: The Surprising Power of Our Social Networks and How They Shape Our Lives – How Your Friends' Friends' Friends Affect Everything You Feel, Think, and Do," by Nicholas A. Christakis, MD, PhD, and James H. Fowler, PhD (Little, Brown and Co., 2010).